教师教育类重点图书

人是如何学习的 II：学习者、境脉与文化

科拉·巴格利·马雷特 等 编著

定价：78.00 元

这样教才有用：成功教学的 21 种策略

李·埃利奥特·梅杰 等 著

姜新杰 译

定价：39.00 元

教学设计

钟启泉 著

定价：62.00 元

语文课标解读、教材分析与教学设计

李广 著

定价：58.00 元

华东师范大学出版社

教师教育类重点图书

学习如何学习

安德烈·焦尔当 等 著

沈珂 译

定价：48.00 元

教育与激情

戴杰思（Christopher Day） 著

王琳瑶 连希 译

定价：58.00 元

新方案·新课标·新征程：《义务教育课程方案和课程标准（2022 年版）》研读

吴刚平 安桂清 周文叶 主编

定价：82.00 元

形成性评价共同体行动：指向学科核心素养的落实

邵朝友 韩文杰 胡晓敏 著

定价 36.00 元

 华东师范大学出版社

大观念导向的单元教学设计

模式与技术

邵朝友　著

华东师范大学出版社
·上海·

图书在版编目(CIP)数据

大观念导向的单元教学设计：模式与技术/邵朝友著.
—上海：华东师范大学出版社,2022
ISBN 978-7-5760-3214-7

Ⅰ.①大… Ⅱ.①邵… Ⅲ.①课程-教学设计-中小学 Ⅳ.①G632.3

中国版本图书馆 CIP 数据核字(2022)第 178741 号

大观念导向的单元教学设计——模式与技术

著　者　邵朝友
责任编辑　张艺捷
责任校对　孙婷婷　时东明
装帧设计　郝　钰

出版发行　华东师范大学出版社
社　　址　上海市中山北路 3663 号 邮编 200062
网　　址　www.ecnupress.com.cn
电　　话　021-60821666　行政传真 021-62572105
客服电话　021-62865537　门市(邮购)电话 021-62869887
地　　址　上海市中山北路 3663 号华东师范大学校内先锋路口
网　　店　http://hdsdcbs.tmall.com

印 刷 者　上海锦佳印刷有限公司
开　　本　787 毫米×1092 毫米　1/16
印　　张　11.75
字　　数　171 千字
版　　次　2022 年 11 月第 1 版
印　　次　2024 年 3 月第 5 次
书　　号　ISBN 978-7-5760-3214-7
定　　价　39.00 元

出版人　王　焰

(如发现本版图书有印订质量问题,请寄回本社客服中心调换或电话 021-62865537 联系)

目 录

前言 _001

第一部分　典型模式 _001

第一章　逆向教学设计 _005
　　一、从一则单元教学设计案例谈起 _006
　　二、基于案例剖析逆向教学设计 _013
　　三、推进逆向教学设计的思考 _018

第二章　论证式教学设计 _023
　　一、科学中的论证 _024
　　二、论证之于科学教学的价值 _027
　　三、论证式教学取向与策略 _028
　　四、开展论证式教学设计：聚焦于新版 SWH _036

第三章　基于建构主义的教学设计 _041
　　一、建构主义的内涵 _042
　　二、基于建构主义的教学设计的原则 _045
　　三、如何开展基于建构主义的教学设计：聚焦于 CLD _048

第四章　走向大观念导向的单元教学设计 _051

一、大观念及其对单元教学设计的意义 _052

二、大观念导向的单元教学设计的特征 _057

三、大观念导向的单元教学设计对教师意味着什么 _060

第二部分　核心技术 _063

第五章　解读单元课程标准 _067

一、课程标准解读的价值与困境 _068

二、审视课程标准解读的研究现状 _069

三、重建课程标准解读：单元取向 _078

四、突破单元取向的课程标准解读难点：寻找大观念 _081

五、单元取向的课程标准解读还需要做什么 _084

第六章　诊断单元学情 _087

一、单元学情分析：内涵与价值 _088

二、单元学情分析的关键：问与答 _089

三、单元学情分析的行动：学生知道乘法吗 _093

第七章　分析单元教材 _101

一、单元教材分析的内涵 _102

二、单元教材分析要分析什么 _103

三、开展单元教材分析的行动 _106

第八章　确定单元教学目标 _115

一、从"运算定律"单元教学目标的审视开始 _116

二、围绕大观念撰写单元教学目标 _117

三、行动改进：重叙"运算定律"单元教学目标 _118

第九章　明确单元主要问题 _121

一、理解主要问题 _122

二、设计与应用主要问题：以学科课程为例 _125

三、主要问题的限制与超越 _130

第十章　研制单元核心学习任务 _133

一、一致性及其对当前单元学习任务困境的启示 _134

二、一致性视角下单元核心学习任务的提出 _136

三、一致性视角下单元核心学习任务的设计 _138

四、一致性视角下设计单元核心学习任务的建议 _142

第十一章　设计单元评价方案 _145

一、单元评价方案的目的与类型 _146

二、单元评价方案的研制：聚焦于嵌入式过程评价 _149

三、单元评价方案的研制：聚焦单元试卷 _153

四、单元评价方案的问与答 _161

参考文献 _167

前 言

书写缘由

近年来,我国教育发展迅猛,素养、核心素养、学科核心素养等概念纷至沓来,让人目不暇接。《中国学生发展核心素养》《义务教育课程方案和课程标准(2022版)》、普通高中各门学科课程标准(2017版)的出台,更是昭示着我国正式步入素养教育时代。在这样的时代,各级各类学校势必要开展素养导向的课程教学,基础教育亦不例外。那么,在中小学课堂中,作为课程教学重中之重,教学设计自然需要发生重大的改变,其中单元教学设计/单元设计的普及已迫在眉睫。

这种紧迫性的个中原因离不开如下两个方面。首先,单元设计是教师重要的专业知能。教学是个复杂系统,每个学期、每个单元、每节课既有各自的目标,又相互影响、相互制约,它们之间构成一个有机整体,在教学设计时教师须持有这种整体的理念来规划教学。但长期以来,我国一线教师较多关注课时层面的教学方案,较少关注学期与单元层面的教学方案。在很大程度上,这只注重了局部,缺乏对整体的关切,进而削弱了教学效果。事实上,教学设计需要兼顾整体与局部,需要处理"森林与树木"的关系。要打破上述"只见树木不见森林"的局面,教师还需要拥有一种"先有森林后有树木"的整体感,学会单元设计和学期设计。就实践而言,作为课堂教学活动的基本单位,单元对于改变课时为单位的思维方式更为直接,因此学会单元设计尤显迫切。其次,单元教学设计是实现素养教育的必要手段。核心素养与学科核心素养是复杂的学习结果,需要经历阶段性学习才能被学生习得。这种阶段性学习通常以单元或学期为单位进行,而不是以课时为单位进行。在这其中,单元是学校课堂教学活动的基本单位。它一方面上接学期课程纲要,下接课时教案,是教学方案设计与实施的"中间力量",不仅为落实课程纲要提供基础单位,也为课时教案提供背景。另一方面,核心素养素与学科核心素养是种内容容量大的素养,本身就是需要通过单元教学方案的规划得以落实,而不是通过细碎化的孤零零课时教案来落实。因此,单元教学设计是推进我国素养导向教育改革的重要工具。

那么,如何开展单元教学设计?笔者通过华东师范大学、加拿大英属哥伦比亚大学等图书馆提供的信息资源中心,尝试把"unit design""unit teaching plan""teaching design"等作为主题词或关键词对外文书籍进行了查阅,也在"SAGE Social Science & Humanities Package""JSTOR""Springer Link Journals""ProQuest""ERIC"等数据库上查询了相关资料。资料显示,国外已有一些单元教学设计的理论与实践,比较系统全面的资料有重理解的逆向教学设计(Back-down Design)[1]、三元教学与评估设计(Triarchic Instruction and Assessment)[2]、论证式教学设计(Argument-Based Inquiry)[3]、建构主义学习设计(Constructivist Learning Design)[4],它们都是较为著名且受到广大一线教师青睐的单元设计理论。而在中国知网中输入"单元设计"或"单元教学设计"后所找到资料表明,在国内,单元教学设计开始受到学者关注,如钟启泉教授[5]就曾指出单元教学设计的价值与

---

[1] Wiggins, G., McTighe, J. Understanding by Design(expanded 2nd ed)[M]. Association for Supervision & Curriculum Development, 2005.

[2] Sterberg, R. J. Successful Intelligence: How Practical and Creative Intelligence Determine Success in Life [M]. New York: Plume, 1997.

[3] Newton, P., Driver, R., Osborne, J. The place of argumentation in the pedagogy of school science [J]. International Journal of Science Education, 1999, 21(5): 553-576.

[4] Gagnon, G. W., Collay, M. Designing for Learning: Six Elements in Constructivist Classrooms [M]. Crowin Press, Inc, 2001.

[5] 钟启泉. 单元设计:撬动课堂转型的一个支点[J]. 教育发展研究, 2015(24).

作用，认为它是撬动课堂转型的一个支点，并引介了逆向教学设计与建构主义学习设计两大思路。实践中，个别先锋学校还开展并实施了单元教学设计。相比而言，国外的研究与实践已具有一定水平，它们也在不断发展之中，需要我们持续关注。国内的研究与实践才刚刚开始，不久前举行的全国第十届有效教学理论与实践研讨会的主题就被确定为"基于核心素养的单元教学设计"，与会者就其概念、意义和实践进行了交流，探讨了其发展趋势和基本诉求。[①] 在中国学生发展核心素养与学科核心素养提出的背景下，如何为教师提供适切的参考做法是当下迫切需要解决的问题。

本书内容

本书试图为我国中小学教师提供有关单元教学设计的模式与技术，为他们提供参考借鉴，以便他们应用于自身单元教学设计之中。为此，本书安排了两大部分内容。第一部分单元教学设计的典型模式包含了第一至第四章，第二部分单元教学设计的核心技术由第五至第十一章构成。

第一章围绕逆向教学设计展开，先引入一则逆向教学设计案例，进而对案例展开分析，论述了逆向教学设计的基本环节，即确定教学目标后，接着先设计评价任务，然后再安排教学活动，在此过程中，目标、评价、教学之间相互匹配，形成一个有机整体。本章最后一节指出了我国逆向教学设计的困境以及可能出路。

第二章的议题是论证式教学。论证是科学的重要特质，科学探索与发现的过程是实现论证的过程。这能给予科学教学极大启示。本章主要任务是回答四个问题，分别是如何理解科学中的论证、论证之于科学教学有何价值、论证式教学有何取向与策略、如何开展论证式教学设计。这些问题的揭示有助于科学论证式教学的开展与推广。

---

① 陈彩虹,赵琴,汪茂华等.基于核心素养的单元教学设计——全国第十届有效教学理论与实践研讨会综述[J].全球教育展望,2016(1).

第三章深入地探讨了基于建构主义的教学设计。本章论述了何为建构主义,剖析了基于建构主义的教学设计有何原则,揭示了如何以建构主义学习设计来开展基于建构主义的教学设计。从中可以发现,情境、对话与沟通、意义建构乃基于建构主义教学设计的重点所在。

第四章在前面三章论述逆向教学设计、论证式教学设计、建构主义学习设计后,指出单元教学设计走向以大观念为中心。其中大观念乃学科代表性概念,体现了学科根本而重要的思想与特质,具有广泛的迁移性。以大观念为中心的单元教学设计以建构主义为学习理论基础,以大观念实现"少即是多"的课程设想,以大观念引导单元设计。实施大观念为中心的单元教学设计需要教师回顾教学设计的原点,提升学习理论的认识;转变教学设计思维方式,走向大观念的单元设计;围绕大观念的学习要求,研习课程要素的设计技术。

第五章的旨趣在于如何解读课程标准。本章先指出了课程标准解读的价值与困境,从而论证了本章的合法性;然后呈现并批判了四种课程标准解读方法,进而在单元取向下重建了课程标准解读。单元取向的课程标准解读包括六个步骤,分别是行动准备、寻找关键词、解读关键词、撰写知能目标、确定大观念及其学习要求、反思并形成最终解读结果。接着本章探讨了课程标准解读的难点,即如何寻找大观念。本章结尾部分还为广大教师解读课程标准提供了若干实用而便捷的建议。

第六章聚焦于单元学情分析。关于学情,不同学者可能有着不同的理解,本章主要把学情定位于与新知识直接关联的学生已有的知识。单元学情分析确立了学习在单元教学中的应有地位,促进了教师专业发展,弥补了我国传统教学的不足。开展单元学情分析的关键在于明晰其目的、要分析什么、什么时间分析、可应用哪些调查方法、如何发现学生核心内容的学习情况、是不是每个知识点都要分析、单元学情分析是不是要调查每个学生。本章最后一节的案例则具体解释了单元学情分析的关键所在。

第七章围绕单元教材分析展开。单元教材分析指向于单元教学目标的落实,以课程标准为指导,结合了课程标准,关联学情诊断,包含对教材整体安排的思考。单元教材分析不是寻找单元教学目标的规定,不是为了"教教材",也不是"就事论事"。单元教材分析展开过程糅合了课程标准解读、单元学情诊断,在大观念的统整下分析单元内容与编排、分析单元在整个学期中的地位与作用、分析课时相关的内容、分析单元教材与学生的关系。这些关键所在体现于本章最后两个单元教材分析案例之中。

第八章从"运算定律"单元教学目标的审视开始,指出当前单元教学目标撰写所存在的问题。为解决这些问题,提出围绕大观念撰写单元教学目标的设想,其核心内容是用"大观念的学习要求+达成大观念的学习要求所需知能"来确定单元教学目标。据此,本章对开头引入的"运算定律"单元教学目标进行了改进,重新叙写了其单元教学目标。

第九章关注如何为实现探究学习设计单元主要问题。主要问题直指深层次理解,有助于培育学生探究素养,帮助教师确定重要优先的学习目标,帮助学生清晰地了解学习进程,促进他们习得元认知,支持有意义的区分性学习,有利于联结不同课程。设计主要问题可从大观念、课程标准、概括式问题、前概念入手,然后用恰当方式把主要问题表达出来。应用主要问题可从制定实施规则、运行实施程序、采用实施技巧三个方面加以考虑。主要问题只是架构了单元设计,局限于班级层面,以螺旋式课程为条件。要超越这些限制,可为主要问题配置问题群,在学校层面应用主要问题,创设螺旋式课程或建设跨学科课程和超学科课程。

第十章探讨了单元核心学习任务。单元教学设计实质是一种整合,需要统整地设计学习活动,即设计核心学习任务——以学生为认识主体,架构单元学习活动,注重真实的整合性学习,使得教学与评价紧扣目标,教学与评价一体化。究其本质,核心的学习任务是体现目标、教学、评价一致性的基本单位。在一致性视角下,它具有三方面特征:整体架构的单元教学、体现课程标准的要求、实现评价与教学一体化。设计核心学习任务可采用自下而上和自上而下两种程序,它要求教师在设计过程中研读课程标准,明确大概念、系统化任务设计。

第十一章直指单元评价方案的设计。为此,本章归纳了单元评价方案的目的与类型,指出单元评价目的包括总结性和形成性,常见类型包括平时评价、单元测试,以及平时评价＋单元测试。本章随后聚焦于单元试卷的研制,论述了当前单元测试的问题、单元测试的原则、单元测试的框架、单元测试设计的案例。当中着力论述了双向细目表、测验设计框架。最后以问与答的形式补充与丰富了本章的知识基础。

读者指向

单元教学设计乃当代教育热词,是教师专业知识结构的重要组成,其重要性毋庸置疑。在我国素养教育背景下,单元教学设计的重要性更是日益凸显。以义务教育阶段为例,随着《义务教育课程方案和课程标准(2022版)》的颁布,单元作为课堂教学的最小组织单位走向结构化的设计,已达成普遍共识,然而单元设计对于中小学老师而言,毕竟还是新鲜事。要开展单元设计,他们还需要得到必要的专业支持。本书试图为中小学教师提供有关单元教学设计的模式与技术,以便他们开展单元教学设计。在论述过程,穿插具体详细的案例,以便读者更加直观地感受并理解相关内容。在理论层面与实践层面,本书所涉及单元教学设计的理论、技术以及相关案例,能为我国单元设计研究提供一定参考,也为广大中小学教师及教育管理人员、教师教育工作者及师范生提供教育教学与管理的实践指导。

后续研究

单元教学设计是当前国际范围内基本的教学设计类型,被视为教师开展课程教学的日常专业活动。在我国,关于单元教学设计还处于起步阶段,无论是在理论层面还是在实践层面都亟待深入探讨。本书主要提供了逆向教学设计、论证式教学设计、建构主义学习设计的基本内涵与实务操作,总结归纳了当前单元教学设计的一个重要发展趋势,即走向大观念为中心的单元教学设计。论述了这些单元教学设计模式之余,重点围绕开展单元教学设计的七项核心技术展开研究。应该说，这些模式与技术为当前我国单元教学提供了宝贵的参考。但也必须指出，本书的理论研究基础尚待夯实。在单元教学设计模式方面，尤其需要扩大单元教学设计模式，丰富单元教学设计的理论基础。在单元教学核心技术方面，尤其需要完善第六、七、八共三章的知识基础。这将是本书后续的重要研究方向。

  本书系全国教育科学"十三五"规划国家一般课题"共同形成性评价的理论与技术研究"（BHA190153）成果。它得益于诸多关心与支持。温州大学、华东师范大学出版社为本书出版提供了很大支持与帮助，书中所引用的一些著作、论文与案例也都承众多好友垂爱与慷慨，张艺捷女士为本书提了许多改进建议，为本书做了大量编辑工作，研究生陈体杰参与了部分章节的资料整理，研究生韩文杰参与了书稿校对。在此，一并表示由衷的感谢！

邵朝友
2022 年 4 月 18 日

第一部分
典型模式

单元是教学设计的基本单位,单元教学设计是教师最为常见的专业行动之一。从宽泛的意义上讲,当前有关教学设计的理论都可为单元教学设计所借鉴,不同的理论催生了不同的单元教学设计模式。限于篇幅,更是限于笔者能力,本书主要关注那些实践中典型的单元教学设计模式。具体说来,本书选择了三种被广泛接受又深受实践考验的单元教学设计模式,即逆向教学设计、论证式教学设计、建构主义教学设计。

三种模式各自独立成章,总体上都从"是什么""为什么""怎么做"进行论述,个别章也会出自特殊需要论述一些独特内容。在论述完三种模式后,本部分将进行必要的总结,指出单元教学设计的发展趋势,即走向大观念导向的单元教学设计。这是第四章将会关注的重点议题。如下图所示,这种单元教学设计以大观念为中心,注重学生知识建构,重视目标、教学、评价之间的一致性。将建构主义作为学习理论、将一致性作为课程理论体现了教学设计中人们对学习和课程的理解,而以大观念为"攻城掠寨"的工具则是最近的发展。在当下所谓知识爆炸的时代,那些根本而重要的素养需要被建构,进而成为课程教学的重心。大观念就实现了这种"少即多"的课程思想,可以用它来引导教学设计。

笔者进一步查阅文献[①]发现,大观念已成为学科课程单元教学设计的关键词,一些综合课程单元教学设计往往也是围绕大观念来开展的,尤其是在STEM教育中,大观念被广泛地应用于单元教学设计。正如本书后续章

---

① [英]温·哈伦.科学教育的原则与大概念[M].韦珏,译.北京:科学普及出版社,2011:20.

节所示,大观念代表的是学科或课程的关键概念或特质,体现了当今学习理论的内涵,而且大观念的学习要求与学科核心素养、中国学生发展核心素养密切相关,以大观念为中心的单元设计能为我国单元教学设计的当下需要提供及时有益的参考。概而括之,第一至第四章为单元教学设计提供了常见的单元教学设计模式,也指出了单元教学发展的重要趋势。从全书内容安排看,第一至第四章也引导了后续第二部分第五至第十一章的探讨。

第一部分 典型模式

第一章

逆向教学设计

逆向教学设计(Back-down Design)是一种教学设计思路,盛行于北美大陆。美国学者威金斯和麦克泰格(G. Wiggins 和 J. McTighe)是逆向教学设计的集大成者,其作品《重理解的课程设计》(Understanding by Design)得到了广泛的认可与应用。该书开篇即说,逆向教学设计对于课程设计具有重大价值,能为课程教学提供全面而丰富的理论与实践框架。[①] 那么,何为逆向教学设计?为什么要进行逆向教学设计?如何进行逆向教学设计?本章始于一个本土案例,结合案例对这三个问题展开论述,进而指出当前我国逆向教学设计的现实困境与可能出路。

一、从一则单元教学设计案例谈起

本节案例由浙江省平阳县中心小学四年级数学备课组研发,邵朝友老师参与了指导。下面将呈现该小学数学单元教学方案的设计历程,共分为案例开发背景、整体设计过程、方案设计回顾与完善三部分内容。

(一)案例开发背景

自单元教学设计引进以来,平阳县中心小学一直非常重视其在学科教学中的价值与作用,认为未来的教学离不开单元教学设计思想,多次展开相关主题的讲座和学习,最后决定开设相关教师主持的课题研究,试图提升教师专业素养,推进学校发展。与此同时,在案例开发过程中,研究者决定采用逆向教学设计。之所以采用逆向教学设计,是因为研究者发现许多教师缺乏评价意识,甚至缺乏目标意识。这些恰恰是缺乏课程教学思想的表现,

---

① [美]格兰特·威金斯,杰伊·麦克泰格.重理解的课程设计[M].赖丽珍,译.台北:心理出版社,2008:1—26.

而逆向教学设计有助于解决这一问题。

随着课题研究的推进,以及实际教学的需要,时任数学学科教学任务的四年级备课组老师针对人教版四年级下册第三单元"运算定律",进行单元教学方案的撰写。2020年3月,备课组撰写了初稿,经过2次修改,于2020年6月形成本案例。

(二)整体设计过程

开发历程主要是先对课标进行剖析,然后对学情和教材进行分析,接着明确学科核心素养、大观念、单元目标及主要问题,进而在这些基础上设计评价,最后设计教学活动。

1. 课标、学情、教材分析

本单元对应的内容标准包括4个方面,分别是知识技能、数学思考、问题解决、情感态度,相关解读结果如下:

表1.1 课标分析

主题	内容标准相关目标	目标解读
知识技能	学生探索和理解加法交换律、结合律,乘法交换律、结合律和分配律,进行简便计算,并能运用运算定律进行一些简便计算。	运算定律是运算体系中具有普遍意义的规律,是运算的基本性质,可作为推理的依据。学生不仅要理解运算定律的内涵,而且还要对其加以灵活运用。
数学思考	1. 在探究运算定律时,经历从特殊到一般的过程,学会从多个例子中获得猜想,再通过其他例子来验证这个猜想的能力; 2. 在简便计算时,思考、对比、观察数据特征,灵活运用运算定律来达到简便计算的目的。	结合学生已有的经验,从具体数据的讨论,上升到规律的发现与归纳,最终形成相应的数学模型。这个过程,也是学生经历与体验数学模型思想的过程,同时也是学生积累数学基本活动经验的过程。
问题解决	1. 学生能够结合具体情况,灵活选择合理的算法,提高用所学知识解决简单的实际问题的能力; 2. 在解决问题过程中,用多种办法解题,既达到了验算的目的,也可以根据算式之间的差异来解释运算定律的意义;	在运算定律的呈现过程中,教材不是仅仅给出一些数值计算的实例,让学生通过计算发现规律,而是结合学生熟悉的问题情境,为学生理解运算定律的意义提供支持。用实际问题来解释运算定律的内涵,感受到数学源于生活,又可以运用于生活。

续表

主题	内容标准相关目标	目标解读
	3. 体验与他人合作交流解决问题的过程； 4. 尝试回顾解决问题的过程，具有反思意识。	
情感态度	1. 对身边有关数学的事物有好奇心，能参与数学活动； 2. 在他人帮助下，感受数学活动中的成功，能尝试克服困难； 3. 了解数学可以描述生活中的一些现象，感受数学与生活有密切的联系； 4. 能倾听别人的意见，尝试对别人的想法提出建议，知道应该尊重客观事实。	体会数学学习的乐趣和数学在生活中的运用。通过对运算定律的探究，激发学生对数学的好奇心和求知欲。学生养成认真勤奋、独立思考、合作交流、反思质疑等学习习惯。

课标分析后，接着进行学情分析，主要从学生已具备的知识及能力、存在的典型学习问题两大方面进行，相关四大主题的分析结果如下：

表1.2 学情分析

主题	已具备的知识及能力	存在的学习问题
知识技能	学生第一学段中已经积累了一些知识与活动经验，如加法(乘法)运算中应用交换两个加数(因数)的位置再算一遍，几个数相加(相乘)时先算哪一部分都不影响结果等经验。	学生抽象水平弱。运算定律的提炼与概括具有高度的抽象性。学生面临的困难是：利用不完全归纳法完成从特殊到一般的推理过程，同时还要完成数学建模这一过程。
数学思考	第一学段的找规律教学过程中，学生已经学会通过观察初步得到规律；符号化的思想在第一学段也已经有了初步的渗透。	学生缺少经历完整的建模过程。从猜想到验证，再到结论。这个过程，虽然是不完全归纳，但仍需具备科学性和程序性。
问题解决	已经具备了解决一些生活中问题的经验和能力，知道分析与解决问题的一些基本方法和策略。	解题方式多样化方面需加强。以前学生做一道题目可能只用一种方法，在这个单元，题目的设计往往可以有多种办法，而多种办法之间其实就是运算定律的运用。

续表

主题	已具备的知识及能力	存在的学习问题
情感态度	学生经过之前的学习,感受到了数学之美,对数学的学习也有一定的信心和兴趣,具有探索问题的好奇心。	数学学科的严谨性不足。运算定律看似简单,其实是经过不完全归纳的方法获得的,也具备科学性,学生不能想当然。

开展课标与学情分析后,最后进行教材分析,主要分析结果有:

第一,本单元将运算定律的知识集中在一起加以系统编排,并且将减法中"连减的性质"与除法中"连除的性质"也渗透穿插在内,这样便于学生感悟知识之间的内在联系与区别,有利于学生通过系统学习,对四则运算中的相关运算性质有一个比较完整的认识,有利于学生构建比较完整的知识结构。

第二,在运算定律的呈现过程中,教材不是仅仅给出一些数值计算的实例,让学生通过计算,发现规律,而是结合学生熟悉的问题情境,为学生理解运算定律的意义提供支持。如加法运算定律,教材安排了李叔叔骑车旅行的场景;乘法运算定律则安排了同学们植树的问题情境。这样便于学生依托已有的四则运算意义,理解运算定律的内涵。同时,教材在练习中还安排了一些实际问题,让学生借助解决实际问题,进一步体会和认识运算定律。

第三,以往的教材,运算定律与简便计算教学较为注重算法技巧,本单元在编排中,则有意识地改变这种倾向,着力引导学生将运算定律的学习与简便计算应用及解决现实生活中的实际问题结合起来,关注方法的灵活性,注意解决问题策略的多样化,从而发展学生思维的灵活性,提高学生分析问题、解决问题的能力。

2. 确定学科核心素养

结合课标分析、学情分析、教材分析,确定了三项学科核心素养,即数感、运算能力和数学建模——三者分别含有对数量关系的理解与分析、根据运算法则进行运算与理解算理、将实际问题中的因素进行简化,抽象变成数学中的参数和变量。

3. 确定大观念的学习要求及其主要问题

根据上述分析,尤其是内容标准的分析,确定本单元的大观念为"计算需要合理地选择算法"。其基本要求为:学生探索和理解加法交换律、结合律,理解乘法交换律、结合律和分配律,并能运用运算定律进行一些简便计算;学生能够结合具体情况,灵活选择合理的算法,进行简便计算,提高用所学知识解决简单的实际问题的能力。

主要问题:(1)同样的题目,不同的算法,为什么得数相同? (2)你为什么这样算? 你的依据是什么?

4. 明确达成大观念的学习要求所需的知识基础

为了达成"数与运算"的学习要求,学生需要掌握更为具体的知识与技能:

(1)理解并掌握加法交换律、加法结合律等运算定律并能够用字母来表示。

(2)充分理解和运用减法的性质 $a-b-c=a-(b+c)$、除法的性质 $a\div b\div c=a\div(b\times c)$。

(3)学生应用乘法分配律 $(a+b)c=ac+bc$ 进行简单计算,感受乘法分配律能使得计算更简便。

(4)在解决实际问题中,结合具体数据、算式的特点,结合算式的意义,合理选择算法,使计算更简便。

5. 评价设计

表1.3 评价规划

表现性任务	其他证据
问题一:四年级(11)班学生正在操场上开展体育运动。出示教科书第55页例1的情境图。 提问:从图中你能获得哪些信息? 你能提出用加法计算的问题吗? 求跳绳有多少人,既可以用"28+17"计算,也可以用"17+28"计算,这说明了什么? 问题二:呈现三种运算情况,结合情境说说每种算法的思考过程。	1. 完成作业本。 2. 完成一份本单元学习内容的整理与复习。 3. 单元测试。

续表

教师板书：254－46－54　286－23－77 学生独立完成，并抽生上台演算。 提问：为什么想到这样算？这样算的依据是什么？你是怎么观察的？先看数的哪位？ 问题三：学校要换新校服。新校服上衣每件32元，裤子每条18元。请大家帮忙算一算，我们班共需缴校服费多少元？让学生用两种方法解决。 提问：观察两种算法，你有什么发现？引导学生观察比较两种算式，最后用等号连接。并提出猜想。	

（注：根据评价证据把学生成绩分为 A、B、C、D 四个学习等级，具体如何计算从略。）

6. 学习计划

表1.4　学习活动一览表

主要问题：1. 同样的题目，不同的算法，为什么得数相同？2. 你为什么这样算？你的依据是什么？

主题	学习问题	具体活动
加法交换律、加法结合律 （1课时）	第一个问题：跳绳的有多少人？ 1. 学生列式解答，并指名板演不同的列式方法。 2. 观察两道算式，求跳绳有多少人，既可以用"28＋17"计算，也可以用"17＋28"计算，这说明了什么？ 第二个问题：观察这两道算式的计算结果，我们可以用什么符号连接这两道算式呢？观察这个等式的左右两边，你有什么发现？	1. 学生独立列式解答。 2. 观察这两道算式的计算结果。 3. 同桌交流。 4. 归纳概括。 （教师根据学生的发现进行及时的引导，对于不成熟的运算定律概括也要给予充分的肯定。为了体现学生主体地位，让学生更多地参与评价。）
加法运算定律的应用 （1课时）	以李叔叔后四天还要骑多少千米的实际问题情境呈现，重视算法背后的原理理解，体会运算定律的运用价值。 第一个问题：你怎么算得那么快？有什么诀窍吗？ 第二个问题：你为什么这样算？你的依据是什么？	1. 阅读与理解。 2. 分析与解答。 3. 回顾与反思。 （对解决的问题及时总结评价，肯定了学生在学习过程中的点滴进步，使学生受到激励和鼓励，促进学生更加自觉地学习。）

续表

主题	学习问题	具体活动
连减的简便计算（1课时）	在解决问题中理解连减的简便计算方法，体验计算方法多样化。 第一个问题：为什么想到这样算？这样算的依据是什么？ 第二个问题：你是怎么观察的？先看数的哪位？	1. 发现问题。 2. 提出问题。 3. 解决问题。 （鼓励学生结合情境说说每种算法的思考过程。突出加、减法运算间的联系，合理选择算法。）
乘法交换律和乘法结合律（1课时）	教师谈话引出情景：为庆祝植树节，保护环境，光明小学开展了植树活动。 第一个问题：负责挖坑、种树的一共有多少人？ 第二个问题：一共要浇多少桶水？ 第三个问题：一共有多少名同学参加了这次植树活动？	1. 发现问题。 2. 举例验证。 3. 概括规律。 （放手让学生自评。小组同学之间互相比较选择的算法是否相同，组长作好不同算法记录。）
乘法分配律（1课时）	通过解决"一共有多少名同学参加了这次植树活动？"这一问题，依据两条思路得到两个算式。引导学生关注两个算式形式差异。 第一个问题：一共有多少名同学参加了这次植树活动？ 第二个问题：你为什么这样算？说说你的想法。	1. 猜想。 2. 验证。 3. 结论。 4. 联想。 （立足师生多向互动，特别是通过学生与学生之间的互相启发与补充，来培养他们的合作意识，实现对"乘法分配律"这一运算定律的主动建构。）
解决问题策略多样化（2课时）	体会简便计算的关键是根据数据特征找到合理的方法，重视算理支撑，理解规律内涵。 第一个问题：你为什么这样算？ 第二个问题：还有别的算法吗？	1. 尝试自主解决问题。 2. 交流分享。 3. 比较方法的异同。 （教师评价时重点关注学生的观察能力，体会简便算法的关键是数据特征和算式特点，称赞其思维的灵活性。）

（三）方案设计回顾与完善

除了交代必要的外围信息，如设计者信息、使用年级等，上述整体设计过程实质构成了单元教学方案的主体内容。如果把这两大部分内容进行适当排版,实质就是得到了单元教学方案。实际操作中,完成上述设计环节后,备课组回顾整个设计历程,并完善了相关细节内容。例如,考虑到学生的需要,对上述整体设计过程的内容进行改编,隐去课标、学情、教材分析内容,并以学生的语言来呈现单元学习方案。鉴于篇幅,此处就不再呈现。

二、基于案例剖析逆向教学设计

上述案例设计过程可用下图来呈现。如果深层次挖掘其教学设计思想,可发现核心环节是确定单元目标—开展评价设计—问题化/任务化学习活动设计,这实质是逆向教学设计在单元教学设计中的应用。

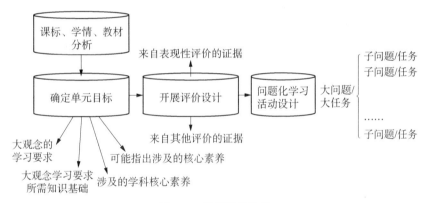

图 1.1 案例的结构化

那么为何本案例要尝试应用逆向教学设计、逆向教学设计指向什么教学目标,逆向教学设计如何开展?本部分将结合案例做出回应。

(一)为什么进行逆向教学设计

可以罗列很多理由来说明逆向教学设计的优点,就本案例而言,采纳逆向教学设计的理由主要有三:

首先,逆向教学设计确立了单元教学目标,它是整个单元教学设计的重中之重。图 1.1 中目标是处于优先地位的,它是通过课标、学情、教材分析得到的。这能确保教师在规划单元教学时具有目标意识。而众所周知，教学是一项有计划的活动，没有目标就没有教学。除了教学器材等教学输入外，还需要确定想要的教学输出，即清晰的教学结果。

其次，逆向教学设计确保了评价元素，它是单元教学必不可少的重要元素。图1.1显示，评价活动设计先于教学活动设计，可以确保评价受到足够重视。在评价设计过程中，还能让教师进一步思考单元教学目标，更深入地理解甚至改进单元教学目标。

再者，评价活动设计有助于教学活动设计，因为这样的评价除了让目标更加清晰，让学习活动设计更为合理，还能让教师思考教学活动与评价活动的关系——两者是如何先后出现的，或者有时教学活动与评价活动是如何融为一体的。

（二）逆向教学设计指向什么

本案例围绕大观念"准确进行计算、合理选择算法"展开，所谓的大观念是指学科中那些根本而重要的概念（相关更深入的论述参考第四章）。大观念的学习要求可用来描述单元教学目标，在本案例中大观念的学习要求为："学生探索和理解加法交换律、结合律、乘法交换律、结合律和分配律，并能运用运算定律进行一些简便计算；学生能够结合具体情况，灵活选择合理的算法，进行简便计算，提高用所学知识解决简单的实际问题的能力。"这显然不是记忆、背诵类的学习目标，而是需要学生理解、应用与创造的学习目标。

事实上，逆向教学设计有着特定的目标指向。在 *Understanding by Design* 一书中，威金斯与麦克泰格试图通过逆向设计来落实"理解"（Understanding）。这里的"理解"指的是期望的学习结果、学业成就目标。这些术语关注输出而不是输入，它们提醒我们：就学习结果或表现而言，学生在离开学校前应该知道的、应该表现的以及应该理解的知能。

那么，何谓"理解"？与通俗意义上的认知动词理解不同，两位学者直接指出"理解"就是在情境中明智地、有效地使用——迁移——我们的知能：将知识和技能有效地应用于真实的任务和情境；"已经理解"，代表我们证明自己能够迁移所知;当我们理解时,我们会有流畅的表现,而不是纯然地根据回忆而来的僵硬、公式化的领会。① 从习得过程看,这样的理解通常是费力得到的洞见;从应用的结果看,这样的理解即有意义的推论、可迁移的能力。具体说来,"理解"可分为六个层面:(1)解释:恰如其分地运用理论和图示,有见地、合理地说明事件、行动和观点;(2)阐明:演绎、解说和转述,从而提供某种意义;(3)应用:在新的、不同的现实情境中有效地使用知识;(4)洞察:批判性、富有洞见的观点;(5)神入:从感受到别人,到情感和世界观,再到能力;(6)自知:知道自己无知的智慧,知道自己的思维模式与行为方式是如何促进或妨碍了认知。② 这六个层面的理解涉及认知与元认知、动作、情意等目标领域,指向高阶的学习目标。一旦学生达成了理解,他们将有能力解决复杂的情境性问题。这样的目标与我国素养教育时代提出的学科核心素养是一致的。考虑到这六个层面比较复杂,本书并没有对此加以采纳,而是采纳了逆向教学设计的总体设计思想。

(三)如何开展逆向教学设计

逆向教学设计主要关注三个问题:到哪里去?即从支持学生学习的角度明确教学目标;怎么知道到那里了?即设计揭示目标达成的评价方法;怎样才能到那里?即思考目标达成的教学活动。这种"目标、教学、评价"三位一体的状态成为单元设计最重要的指标。从单元设计的"三设问"可以引申出单元设计的三个关键阶段:目标的设计、评价活动的设计、教学活动的设计。其中,确定目标后,评价活动的设计先于教学/学习活动的设计。

为便于更好地理解上述三阶段流程,不妨先来观察一个由威金斯与麦克泰格提供的应用逆向教学设计的课程方案范例。下表具体地解释了三个阶段的内涵。

---

① [美]格兰特·威金斯,杰伊·麦克泰格.重理解的课程设计[M].赖丽珍,译.台北:心理出版社,2008:xxi.
② [美]格兰特·威金斯,杰伊·麦克泰格.追求理解的教学设计(第二版)[M].闫寒冰,宋雪莲,赖平,译.上海:华东师范大学出版社,2017:95—101.

表 1.5 逆向教学设计的范例

阶段一：确定学习目标
既有的学习目标(Established Goals)： 这项课程设计工作处理哪些相关的目标(如学科课程标准)？

理解(Understandings)： 学生将会理解…… 1. 哪些是大观念？ 2. 期望学生理解的是哪些具体的大观念？	**主要问题(Essential Questions)：** 哪些有启发性的问题可以增进探究、增进理解、增进学习迁移？

学生将知道……(Student will know...)　学生将能够……(Student will be able to...)
通过本单元的学习,学生将知道什么,能做什么？
……

阶段二：设计评价活动

表现性任务(Performance Tasks)： 1. 学生将通过哪些真实的实作任务来表现期望的学习结果？ 2. 理解能力的实作表现会以哪些标准来判断？	**其他证据(Other Evidences)：** 1. 学生将通过哪些其他的证据(如随堂测验、正式测验、开放式问答题、观察报告、家庭作业、日志等)来表现达成期望的学习结果？ 2. 学生将如何反思及自我评价其学习？

阶段三：制定学习计划
学习活动(Learning Activities)： 哪些学习活动和教学活动能使学生达到期望的学习结果？这项课程设计需要回答： W＝如何帮助学生知道这个单元的方向和对学生的期望？如何帮助教师知道学生之前的知识和兴趣(where)？ H＝如何引起(hook)所有学生的兴趣并加以维持(hold)？ E＝如何使学生做好准备(equip)，帮助他们体验(experience)关键概念的学习并探索(explore)问题？ R＝如何为学生提供机会去重新思考(rethink)及修正(revise)他们的理解和学习？ E＝如何促进学生评价(evaluate)自己的学习及学习的涵义？ T＝如何依学习者的不同要求、不同兴趣、不同能力因材施教(tailor)？ O＝如何组织(organize)教学活动，使学生的专注和学习效能达到最大程度并得以维持？

阶段一：确定学习目标。我们需要了解教学目标,审视官方公布的课程标准的目标,明确课程实施的期望,思考什么是学生应该知道、理解、有能力做到的,什么样的学习内容值得理解,我们期望学生掌握哪些大观念。这

些问题实质指向单元目标,即从既有的学习目标出发,从中获取学生必须理解的大观念,进而设置主要问题,让学生在问题探究中理解与应用这些大观念,以及相关的知能。其中理解与应用大观念正是单元目标的核心所在。

阶段二：设计评价活动。该阶段要求我们回答：怎么知道学生是否理解。这实质上是要求先于教学/学习活动设计评价活动。考虑到学习目标指向"理解"类高阶学习结果,因此往往需要设计表现性任务或其他评价任务来收集评价学习效果的证据。

阶段三：制定学习计划。该阶段要求从学习角度列出主要的学习活动,需要教师把握上表 WHERETO 所示的各个问题。这份表格简洁地呈现了单元设计方法,其功能是指引课程设计。该表格填完后,可用于自我评价、同伴评价,以及与他人分享单元课程设计方案。

上述流程中,目标一以贯之地渗透于各个阶段。阶段一的学习结果成为阶段二、三评价与教学设计的根据,成为整个设计的基础与中心,理解与应用大观念是需要落实的单元目标。实质上整个逆向教学设计都可被看作是围绕大观念展开的,大观念处于教学设计的中心。这种思维其实并不神秘,想想我们中学的几何证明题就能很容易明白。当我们不能顺利地从已知条件推理到所要证明的结论时,我们往往会尝试从结论倒推至已知条件。这里的结论就类似于目标,已知条件类似于致力于实现目标的各种学习活动,推理过程则类似于我们的设计过程。略显不同的是,几何证明题的逆向求证过程往往表现得比较结构化,而教学方案设计过程一般显得更为劣构化;几何题一旦被证明,就意味着解谜活动的结束,顶多有时回顾一下解题过程是否严密,而教学方案设计要求在设计学习活动之前先开展评价设计,以便了解目标是否落实。

需要指出的是,逆向教学设计第三个阶段的学习计划并非要严格遵守,这只是一种可能的做法。本书只采纳逆向教学设计的总体思维方式,在实际操作中将依据实际情况灵活设计学习活动,而不是遵循、固守特定的规则或套路。

三、推进逆向教学设计的思考

至此,读者可能发现原来逆向教学方案设计可以很平实,而且可以比较容易上手。那么,是不是逆向教学设计已被大家广泛接受并得以正确实施?实际情况并非如此,就笔者所见,当前我国逆向教学设计还存在诸多问题,甚至可以说是举步维艰。

(一)现实困境

一是被表面化地应用。实践中不少学校和教师借鉴逆向教学设计进行单元教学设计,大多能较为完整地依据逆向教学设计的三个阶段呈现单元方案,但细致地分析这三个阶段内容却会发现:(1)整体上,目标、评价与教学并没有形成一致的关系,更像是水果拼盘一样,仅仅是摆放在一起,目标与评价、目标与教学、教学与评价之间没有匹配。例如,单元目标是高阶复杂的目标,但学习任务却往往是简单的思考或操练;(2)局部上,目标、教学与评价都存在不足:在目标方面缺乏高阶复杂目标,且以比较低阶的知识技能为主;在评价方面缺乏表现性、真实性评价设计,且以选择题或填空题为主;在教学方面缺乏真实性任务,且以去情境化任务为主。这些问题表明,逆向教学设计并未被这些教师真正地理解,需要加大对他们的培训力度。

二是课程标准被严重忽视。我国自2001年启动第八轮课程改革以来,课程标准是标志性产品,它规定了各门学科的内容与要求,其重要性无论如何形容都不过分。然而即便如此,许多学校和教师还是缺乏对课程标准最基本的关注。不少教师更喜欢参考教材,更愿意进行教材分析,甚至遑论课程标准没有充分体现在高利害考试之中,其教学作用被大大削弱。从逆向教学设计来看,其单元教学目标就来自国家课程标准,如果没有课程标准,那么教学目标从开始就"来路不明"。从国家意志角度看,这样的单元教学设计严重缺乏课程执行力。在此,或许有人会说,既然教师那么重视教材,不妨好好把国家课程标准融入教材。这确实是个可行的建议,但必须指出的是,我们首先要维护课程标准的地位,这是学科教学精神的根本所在。更何况,教材更多的是发挥一种教学资料的作用,在一纲多本的情况下更是如此。

三是深陷应试教育环境。近10年来,笔者曾与多所学校合作,在开始合作阶段,校长和教师都对逆向教学设计表现出很高的热情。然而,这种形势往往不会维持太久,过不了多久,一些教师就会打退堂鼓。究其原因,一个重要理由是逆向教学设计固然不错,但现在中考、高考或外部考试才是衡量学校和教师重要手段,逆向教学设计不能很快地提高考试成绩,还是回到原来教学方式,多做一些题目更为实用。这种想法和做法非常具有代表性,但非常令人不解,姑且不论教师的天职在于服务学生,需要尽力实施优质的教学。难道为了考试成绩,就不能采用有效和更有吸引力的教学模式吗?从实际情况来看,一些研究指出,无论班级学生的基础如何,高水平应用真实教学法对学生而言都是大有帮助的;当对通常表现不佳的学生使用真实教学法时,他们和表现优秀的学生之间的差距大大减小了。① 而逆向教学设计强调高阶教学目标,重视真实性学习,上述真实教学法研究为其提供了有力支持。

四是缺乏团队合作机制。如果我们留意学校现场,我们经常可以听到一种非常令人不安的说法:"逆向教学设计确实不错,但对我来说太难了。"深入分析这种说法,可发现它至少存在一个假设,即"我"要一个人孤军奋战,开展逆向教学设计。可是这种假设并不成立,因为逆向教学设计并没有提出如此要求。教育是一项合作的事业,没有谁能独立地承担起培养学生的重担。在当今重视合作的年代,学校内教师,尤其是同学科教师之间组建教研组等尝试,都力图建立起一个共同合作的团队。许多刚刚接触逆向教学设计的教师确实面临着一定的挑战。特别是当教师开展单元教学设计时,以前以课时教案为主的备课思维方式会严重地阻碍他们的行动。在这样的情况下,教师不仅在专业技术上需要帮助,在情感上也需要支持,否则

---

① Newmann, F. N., Associates. Authentic achievement: Restructuring schools for intellectual quality [M]. San Francisco: Jossey-Bass, 1996.

推行逆向教学设计将寸步难行。

(二)可能的出路

一是建设学习共同体。对于许多教师而言,开展逆向教学设计是一件新鲜事,也是一项挑战。为确保单元教学设计的顺利进行,建设学习共同体必不可少。在学校层面,所谓学习共同体就是在共同的信仰指导下,教师之间相互配合、相互合作,进行沟通交流,分享各种学习资源,采取共同行动以促进学生发展和教师自身专业发展。学习共同体对于逆向教学设计有着重要作用。一方面,它满足了教师的自尊和归属的需要。在学习共同体中,教师感到自己和其他学习者同属于一个团体,在进行共同的学习活动,遵守共同的规则,具有一致的价值取向和偏好。教师对共同体的归属感、认同感以及从其他教师身上所得到的尊重感有利于增强教师对共同体的参与程度,维持他们持续、努力地开展单元教学设计。另一方面,在开展逆向教学设计的过程中,教师能与同伴进行交流和合作,共同建构知识、分享知识。在沟通交流中,教师可以看到不同的信息,看到理解问题的不同角度,而这又会促使他们进一步反思自己的想法,重新组织自己的理解和思路。

二是重视教学设计技术。逆向教学设计是一项高度专业化的活动,不仅需要教师具备一定教育教学理念,还需要他们具备一定教学设计技术,二者缺一不可。但一直以来,教育教学理念得到了更多的宣传与重视,而教学设计技术并没有得到应有的重视。实际上,逆向教学设计就包含了众多教学设计技术,例如如何开展课标、学情、教材分析,如何确定单元教学目标、如何研制单元主要问题、如何制定单元评价方案、如何规划单元学习活动。可以说,这些技术是破除当前我国逆向教学设计困境的重要武器,没有这些必要的技术,逆向教学设计很难得到实施。因此,极有必要加大这方面的培训力度,促进教师的学习。例如组织校内专题学习,邀请专家进校开展专业指导,或者走出学校到高校等专业机构开展研修。在组织学习教学设计技术的过程中,组织者可以通过作品展览与汇报等形式与教师进行沟通交流,了解教学设计技术的落实情况,并为教师提供及时性的反馈信息。

三是加大课程领导参与力度。在我国特有的国情下,学校领导尤其是校长,对于逆向教学设计具有重大的作用。就笔者所见,那些校长重视并亲自参与逆向教学设计的学校,往往能较好地开展逆向教学设计。这可能涉及诸多原因,但有一点是明确的,即校长的亲力亲为为教师树立了榜样,发挥了正面引导作用。许多校长很少参与专业活动,缺乏专业号召力,一些校长更是急功近利,把逆向教学设计作为提升政绩的手段。这些非专业、非道德的行为对教师产生了一定的负面影响。如果我们承认学校是专业之所,那么校长必然是学校教学专业的CEO,校长的参与自然带有专业感召力。因此,校长需要积极参与逆向教学设计。这可能包括参与逆向教学设计培训方案设计、增加参与各种培训学习的次数、亲自上阵研制单元教学方案并与教师分享、在适当时间鼓励与表扬教师。

四是开展持续的行动。逆向教学设计是实实在在的,任何空谈都抵不上一个最简单的行动。要提升逆向教学设计质量,需要学校与教师一起行动起来,发动所能利用的资源和力量,制定既注重长远发展需要又注重当下发展需要的行动方案,采取持续而有效的行动。一句话,逆向教学设计是做出来的,不是说出来的。就此而言,行动是集体智慧的体现,是深思熟虑的专业活动,是持续的改进与推进。鉴于素养教育时代的来临,单元教学设计被视为教学设计的基本单位。甚至可以说,单元教学设计可被视为教师教学设计的一种意识形态。在这样的大背景下,逆向教学设计势必将受到学校和教师的重视。为了促进教师习得逆向教学设计,要杜绝一切虚妄之谈,用一个个实际行动来推进逆向教学设计的深度实现。

第二章

论证式教学设计

论证是科学的重要特质,科学探索与发现的过程是实现论证的过程。这能给予科学教学重大的启示,即可借鉴科学论证来促进学生理解科学概念,发展公民科学素养。论证式教学已成为当前国内外科学教育领域的研究热点,借鉴科学论证的思想与方法在科学课堂上开展教学活动受到广泛关注。本章将围绕四个方面的内容展开,分别是科学中的论证、论证之于科学教学的价值、论证式教学取向与策略、开展论证式教学设计。

一、科学中的论证

过去几十年中,国际上关于"论证"在科学教育中的研究不断涌现,我国科学教育领域也开始广泛关注科学论证能力,《普通高中物理课程标准(2017版)》[①]中明确提出:科学论证能力是学科核心素养中科学思维与科学探究的重要因素,由此可见科学论证在教育中具有十足的发展能力。那么,何谓科学论证,它对于科学教育意味着什么?

(一) 科学中的论证

论证对应的英语单词是 Argument 和 Argumentation,Argument 在《牛津高阶英汉词典》中释义如下:Proof, evidence; A statement or fact advanced for the purpose of influencing the mind; A process of reasoning, discussion of a question, debate;[②]Subject matter of discussion or discourse in speech or writing; theme, subject。由此可见,Argument 可解释为通过陈述和证据等对某事或某些议题作出推理讨论和质疑反驳的过程。而

---

① 中华人民共和国教育部.普通高中物理课程标准(2017版)[M].北京:人民教育出版社,2017:4.
② [英]霍恩比.牛津高阶英汉词典[M].北京:商务印书馆,2004.

Argumentation 被解释为系统性地进行推理以支持想法、行动或理论的过程(the process of reasoning systematically in support of an idea, action, or theory),即论证的过程。《现代汉语词典》中论证的一个定义为引用论据证明论题真实性的过程,是由论据推出论题时所使用的一种推理形式。[1]

当论证进入科学领域时,其概念又该如何界定?目前国际上学者对科学论证的概念持不同的观点,第一类学者认为科学论证的核心在于论证的过程,例如,库恩(D. Kuhn)认为科学论证即通过搜集资料,从中获得支持自己论点的证据,又或是通过对他人论点的辩驳提出新观点的科学思维过程;[2]杜施(R. A. Duschl)和奥斯本(J. Osborne)则认为科学家们通过科学探究的手段来观察世界进而研究分析科学现象,[3]他们将科学探究的过程也看作科学论证的一种体现;库恩还强调在科学教学中,科学论证是帮助学习者根据已有的科学知识来学习、分析、研究并获得新知识的过程。[4] 故可见持第一类观点的学者将科学论证视作一个获得科学知识、深入科学探究的科学思维过程。支持第二类观点的学者则将科学论证视作一种能力,1958 年,图尔明(S. E. Toulmin)提出的 TAP 论证模型引入论证能力的概念,这为后来的学者提供了研究的重要依据。道森(V. Dawson)和卡森(K. Carson)等人表示科学论证能力包含提出论点、质疑论点、寻找证据支持论点等要素。[5] 桑普森(V. Sampson)等人则将科学论证能力定义为由提出问题、收集资料、分析推理证据等多种能力综合而成的科学思维能力。[6] 库恩和克

---

[1] 中国社会科学院语言研究所词典编辑室. 现代汉语词典(第七版)[M]. 北京:商务印书馆,2016:859.

[2] Kuhn, D. Thinking as Argument [J]. Harvard Educational Review,1992,62(2):155 - 179.

[3] Duschl, R. A., Osborne, J. Supporting and Promoting Argumentation Discourse in Science Education [J]. Studies in Science Education,2002,38(1):39 - 72.

[4] Kuhn, D. Teaching and Learning Science as Argument [J]. Science Education,2010,94(5):810 - 824.

[5] Dawson, V., Carson, K. Using Climate Change Scenarios to Assess High School Students' Argumentation Skills [J]. Research in Science & Technological Education,2016,35(1):1 - 16.

[6] Sampson, V., Grooms, J., Walker, J. P. Argument-Driven Inquiry as A Way to Help Students Learn How to Participate in Scientific Argumentation and Craft Written Arguments: An Exploratory Study [J]. Science Education,2011,95(2):217 - 257.

罗威尔(A. Crowell)等人将科学论证能力与批判性思维能力相联系,认为科学论证是一种区别于传统教学的带有质疑和批判的新教学方式。①

(二)论证对于科学的重要性

至今为止,科学史上所有新理论的出现与确定都必然经历论证的过程,例如达尔文(C. R. Darwin)就曾将《物种起源》称作一个漫长的论证过程。牛顿(P. Newton)等人将论证称为科学的语言,是解决科学冲突的主要途径。② 他们认为科学是一个以实验为基础的社会知识构建的过程,科学家通过收集证据与资料并从中推理演绎结论的过程被称为论证。

论证之于科学存在两方面意义,第一,论证是建立科学知识的证明,主要指科学家完成查阅资料与数据,获得证据,再探究得出观点与看法的过程;第二,论证是科学理论的说服过程,通过不同群组间的观点交流进行互相检视、批判与反思,试图让他人接受自己的观点与理解。例如德里弗(R. Driver)等人认为构建科学知识的过程如下:首先是科学家们自身内部心智对于实验设计或资料的思考论证;其次,进行不同群组间的观点意见交换,为了说服其他人接受自己的观点,就会对外部群众进行初步证据展示、理论推理的论证过程;接下来如果要将研究结果发表出去,还须通过论证的手段说服科学共同体中的人;最后,当研究结果公布在大众的面前作为公共知识的时候,科学家们就更需要运用论证来获得公众的接受。③

由此可见,论证是科学的核心,其功能在于建立科学家们的想象、猜测与资料、证据之间的连接④,且关键还在于要说服公众支持自己的理论,使自己提出的理论经受各种科学权威机构检验、合理化为公共知识后才是一

---

① Kuhn, D., Crowell, A. Dialogic Argumentation as A Vehicle for Developing Young Adolescents' Thinking [J]. Psychological Science, 2011, 22(4): 545-552.
② Newton, P., Driver, R., Osborne, J. The place of argumentation in the pedagogy of school science [J]. International Journal of Science Education, 1999, 21(5): 553-576.
③ Driver, R., Newton, P., Osborne, J. Establishing the nouns of scientific argumentation in classrooms [J]. Science Education, 2000, 84(3): 287-312.
④ 唐小俊.基于"论证"的教学过程模式及其应用策略研究[J].当代教育科学,2016(7):51—54.

个完整的论证过程。

二、论证之于科学教学的价值

当科学论证走进教学中时,即要求将论证要素融入课堂,让学习者经历像科学家构建理论一样从搜集来的资料中提出主张,并不断为自己的主张所受的质疑进行辩驳的过程,其作用主要是促进学习者对科学概念的理解和科学探究能力的提升,并发展学习者科学思维,达到培养学习者科学素养的目标。故科学论证的教育价值,体现在科学论证能促进学习者科学素养的发展,具体说来有以下三点作用。

一是科学论证促进科学概念的理解。弗里斯(E. D. Vries)等人指出知识的对话——包括解释和论证,是表达概念理解的有效途径。[1] 在论证的过程中,学习者需要面对公众阐述自己的论点,通过他人的评价来精致对原有概念的理解,在对话中加深对科学概念的建构和理解,这种源于内在思考的论证活动十分有利于学习者对概念和规律的深层理解与学习。学习者在进行科学学习、和教师及同伴的交互过程中,会产生新概念与旧概念的冲突,经过质疑、反驳及探讨等一系列的认知过程方可纳入旧有的知识体系,或生成新的知识体系,[2]这是建构主义理论的观点。通过科学论证,学习者还能将新的信息与原有知识结构有效联结,进行概念的转变。学习科学概念的目的是帮助学习者对于科学本质有更为深刻的理解,可以提升自己的科学素养。[3] 在学习科学概念的过程中,存在无数挑战和质疑,例如,如何设计实验,如何寻找证据,如何提出假设等,而在课堂中实施论证教学,能让学习者切身体验科学概念的产生过程,更深入地认识科学本质,直抵科学的核心。

---

[1] De Vries, E., Lund, K., Baker, M. J. Computer-mediated epistemic dialogue: Explanation and argumentation as vehicles for understanding scientific notions [J]. The Journal of the Learning Sciences, 2002(1): 63-103.
[2] 黄翎斐,胡瑞萍. 论证与科学教育的理论与实务[J]. 科学教育月刊,2006(29): 15—28.
[3] 韩葵葵,胡卫平. 科学论证能力结构模型建构研究[J]. 教育理论与实践,2019(22): 3—7.

二是科学论证促进科学探究的发展。科学论证过程是科学探究的核心实践,科学探究过程中如果不能让学习者进行论证、解释的建构和证据的评价,就将无法呈现科学本质的核心成分。① 而目前的科学教学实践活动中,存在许多流于形式的"科学探究",仅仅是对教材已知理论的验证,缺乏真实探究讨论的过程,程式化的实验探究过程过于注重探究形式,忽视探究实质,给学习者造成了物质性目标和功能性目标的双重缺失②。在真实的科学研究中,科学家为达到预期目标需要经历重重探究的过程,而论证是基于证据推理的探究过程,最终目的是寻求对知识的深入理解。

三是科学论证促进公民素养的培养。科学论证不只是对自然现象成因的解释,它在科学教学上还推动着认知向较高的层级发展③。伴随着科学技术的发展,如酸雨、全球变暖等环境问题和代孕等社会问题给人们的生活带来了许多困扰,这类认知层级较高的问题可统称为科学社会议题。面对这类问题时,学习者除了要寻找证据和理由外,还需考虑社会环境、伦理道德、政治经济等因素的影响,进而敢于质疑,在面对不同的观点或选择时,运用所学的知识来分析、判断、讨论和决策,最后得出有理有据的正确结论。④ 这类科学论证不仅改善了学习者对科学知识的理解,还通过让学习者认识到科学与社会、与人类之间的关系从而提高了学习者的公民素养。

三、论证式教学取向与策略

论证思想的源头可以追溯至 2000 多年前古希腊哲学家苏格拉底(Socrates)的对话论证和亚里士多德(Aristotle)的三段论理论逻辑结构,论证逻辑理论发展形成论证模型,而后以论证模型为结构框架的论证实践引

---

① 吴志明.论证式教学——抵及科学探究的核心[J].物理教师,2013(08):38—39.
② 任红艳,李广洲.图尔敏论证模型在科学教育中的研究进展[J].外国中小学教育,2012(09):28—34.
③ 杜爱慧.论证式教学在理科教育中的有效运用[J].教育理论与实践,2012(02):57—59.
④ 王星乔,米广春.论证式教学:科学探究教学的新图景[J].中国教育学刊,2010(10):50—52.

入科学课堂,形成各样的教学活动。这些教学活动可分成三种科学论证式教学取向,在每个取向下都有其典型的科学论证式教学模型。

(一)论证模型

伴随着论证逻辑理论的研究发展,论证模型在 20 世纪 50 年代起初现雏形,后来在国际上得到迅速发展,根据不同的需求,形成了不同的论证模型,如罗森(A. E. Lawson)的"假设-预测"论证模型、沃斯(J. Voss)和米恩斯(M. Means)的非形式推理论证模型等。科学教育领域中应用论证的研究大都对图尔明论证模型有所引用,且该模型常被作为分析科学课堂论证过程的基础和学生论证能力的评价标准。因此下面将主要对图尔明论证模型进行介绍。

1958 年,图尔明开展法律、科学研究等领域的论证研究后,提出了影响深远的图尔明论证模型。[①] 该模型由主张、资料、根据、支持、限定和反驳等六个功能要素构成(见图 2.1),其中资料、主张、根据是图尔明论证模型的核心成分。每个要素的含义如下:(1)主张:指在论证中试图证明和维护的正当结论;(2)资料:是论证的基础,是支持最初主张的根据;(3)根据:是连接资料与主张的桥梁,是更具一般性的证据,相当于是从资料到结论的辩

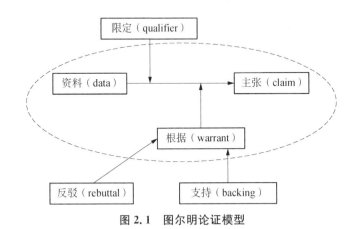

图 2.1 图尔明论证模型

---

① Toulmin, S. E. The uses of argument [M]. London: Cambridge University Press, 1958: 87 - 99.

护;(4)支持:是当主张被质疑时提出的进一步依据;(5)反驳:是通过削弱论证效果的证据和理由,阻止从理由得出主张的因素;(6)限定:有些情形必须附加一定限制才能成立。①

在具体实践中,以"生物体性状遗传主要由细胞核控制"②为例,需要首先根据教材中"美西螈细胞核移植实验"的资料提出主张"细胞中控制生物性状遗传的结构是细胞核"。其次,寻找理由支持提出的主张,即"DNA携带遗传信息,控制性状遗传,而细胞核含有DNA,故细胞核能控制生物性状"。随后对"实验缺乏对照组"的质疑添加限定条件使主张得以更科学严谨地成立。图尔明模型在现今的科学教育研究中较为通用且受许多学者欢迎,常用于指导科学课堂教学论证的实施。

(二)科学论证式教学取向

为帮助学习者真正参与科学实践过程,培养学习者的科学素养,卡瓦涅托(A. R. Cavagnetto)在2010年从论证活动的性质、重点及科学方面三方面基于54篇论证教学文献进行了研究,归纳出了论证式教学的三个基本取向:浸入式、结构式、社会科学式。③

浸入式取向。这一取向的基本观念是让学生在调查背景下通过使用科学论证来学习科学论证,大都把争论作为科学实践的一个内在方面。在教学中,教师借助诸如提示、团队合作的方式选择学生的错误观念和其他"脚手架"来促成论证,帮助学生形成论点和调查决定。在实践中,制造认知冲突不失为一种促成科学论证的便利方法。内勒(S. Naylor)等人的相关文章④就介绍了利用学生对概念漫画的常见误解,将其作为论证和调查的

---

① 何嘉媛,刘恩山.论证式教学策略的发展及其在理科教学中的作用[J].生物学通报,2012(5):31—34.
② 许桂芬."细胞核——系统的控制中心"一节论证式教学尝试[J].生物学通报,2014(2):33—37.
③ Cavagnetto, A. R. Argument to Foster Scientific Literacy a Review of Argument Interventions in K-12 Science Contexts [J]. Review of Educational Research, 2010, 80(3): 336-371.
④ Naylor, S., Keogh, B., Downing, B. Argumentation and primary science [J]. Research in Science Education, 2007(37): 17-39.

背景。

结构式取向。这一取向需要明确地教授论证的结构,并要求学生把这个结构应用到科学和社会科学的情境中。例如,在 IDEAS 项目中,教授图尔明论证模型,并让学生在不同的论证主题中应用。再如,麦克尼尔(K. L. McNeill)及其同事建立的主张、证据和推理结构(claims, evidence, and reasoning structure)[①]用于帮助学生撰写与化学相关的现象解释,强调学生解释的结构,尤其注重解释论点时使用的证据和理由。

社会科学式取向。这一取向强调科学与社会之间的互动,侧重社会和文化对科学论证的道德、伦理和政治影响,而不是为对科学原理的理解进行论证。这类科学论证通常在课堂辩论或角色扮演等活动中进行,社会科学话题等为其提供背景和依托。例如,进行有关食品政策制定的辩论,[②]阐述对社会事件的看法等。

(三)科学论证式教学策略

浸入式教学取向将论证活动整合到学习者科学实践中促进学习者理解科学理论,应用范围最为广泛,且被认为是最有效和最有前景的教学取向之一。因此本书重点对浸入式教学取向中的新版 ADI 教学策略、PCRR 教学策略,以及旧版 SWH 教学策略做进一步介绍。

1. 新版 ADI 教学策略

2008 年,桑普森(V. Sampson)等人基于建构主义理论提出了 ADI(Argument-Driven Inquiry)教学模型,该模型能帮助初、高中生提高科学论证的能力,还有助于大学生构建论点、参与论证。后来格鲁姆斯(Grooms)团队对模型进行了调整和完善,得到的新版 ADI 教学模型有 8 个阶段(见图 2.2),更突出科学论证教学在培养学生科学素养方面的作用。

---

① McNeill, K. L. Teachers' use of curriculum to support students in writing scientific arguments to explain phenomena [J]. Science Education, 2009(93): 233-268.
② Walker, K. A., Zeidler, D. L. Promoting discourse about socioscientific issues through scaffolded inquiry [J]. International Journal of Science Education, 2007(29): 1387-1410.

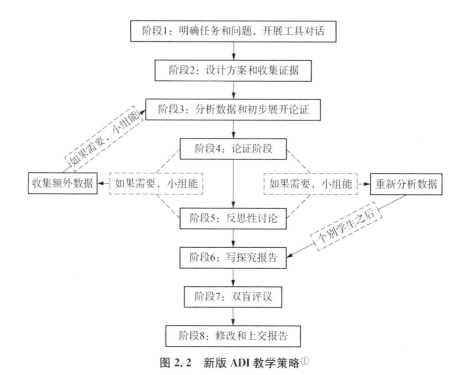

图 2.2　新版 ADI 教学策略[1]

以"复等位基因遗传的学习"[2]为例,运用该模型 8 阶段的教学设计过程如下:

阶段 1:将已学习的孟德尔遗传定律与即将学习的复等位基因遗传概念相联系,结合 ABO 血型系统遗传的背景资料提出问题:ABO 血型的遗传规律是什么?并通过辨别走失孩子与报案父母是否为亲生关系的例子开展模拟探究性实验;

阶段 2:以小组的形式进行探究实验获取证据,要求学习者从教师提供的实验材料中自主选取进行实验,教师可给予一定提示;

阶段 3:本阶段可为每个组准备空白纸板供学习者呈现解释、证据及推理内容,有助于进一步论证。本案例中,学习者应首先提出比如"走失孩子

---

[1] 弭乐,郭玉英.渗透式导向的两种科学论证教学模型述评[J].全球教育展望,2017(6):60—69.
[2] 何嘉媛,刘恩山.论证探究式教学模型的设计和运用[J].生物学通报,2013(10):25—29.

是报案父母的亲生孩子"的主张,随后提供证据并阐述推理为什么是亲生关系的过程;

阶段 4:本阶段中,各组基于证据展开论证,其他小组可对其论证进行质疑和批判,提出修正和改进的建议;

阶段 5:本阶段在教师的引导下进行反思性讨论,确保每组的思考方向都是正确的;

阶段 6:本阶段学习者需撰写探究报告,通过报告呈现探究本次实验的目的与方法,以及科学论证的过程;

阶段 7:本阶段学习者需根据教师提供的标准批判他者的论证过程以提供反馈信息,再通过接收到的反馈信息进行修改完善;

阶段 8:根据反馈的信息修改报告并提交。

由此可看出,新版 ADI 模型的关键在于寻找一个合适的探究题目或情境,且更适合通过小组合作设计科学实验和开展科学实验探究的过程,更强调对试验数据的分析和论证,比较有利于在科学探究教学中培养学生的科学素养。

2. PCRR 教学策略

库乔夫斯基(D. J. Kujawski)在 2015 年参照新科学教育标准开发出一种过程循环式的科学论证教学模型(Present, Critique, Reflect, Refine, PCRR)。该模型通过科学论证活动推动学生开展科学交流,提高批判性思维能力,促进学科大观念的形成。[1]

该模型共分为 4 个阶段,见图 2.3。以"探索酶的本质"[2]为例,运用 4 阶段的教学设计过程如下:

阶段 1:呈现。在此阶段,每个组需要向全班呈现本组的概念模型和论证过程。本案例以酵母细胞使糖类发酵成酒精为例,学习者需通过教师提

---

[1] Kujawski, D. J. Present, Critique, Reflect, and Refine: Supporting Evidence-based Argumentation Through Conceptual Modeling [J]. Science Scope, 2015,39(4):29-34.
[2] 张天宇.高中生物学教学中运用 PCRR 模型培养学生论证能力的实践研究[D].哈尔滨:哈尔滨师范大学硕士学位论文,2020.

图 2.3　PCRR 教学策略

供的巴斯德、李比希、毕希纳等科学家的实验分析资料对问题"是酵母细胞还是细胞中的物质导致糖类发酵?"提出主张,并寻找证据进行解释,最后组内协商获得一个完整的论证过程模型;

阶段 2:批判。本阶段每个组需要审阅其他组的呈现内容,并反馈意见。本案例中,各组的最终模型需循环经过其他小组的评价;

阶段 3:反思。本阶段每个组查看收到的建议,反思论证的准确性、清晰度或充分性。每组同学需根据评价为自己的模型作进一步的辩护并完善论证过程;

阶段 4:提炼。本阶段每个组需要提炼最开始呈现的内容,得出更充分的证据,更有逻辑的推理和更精确的模型,并基于反思证实学习收获。本案例可以方便学习者用不同颜色对原始模型和提炼后的模型对应的修改部分进行标记,有助于针对性地对反馈作出论证和改进。

PCRR 教学模型的教学过程首尾相连,构成循环,结构简单,教学形式灵活,有助于促进学习者科学交流,促进学习者对科学概念的理解,培养学习者的批判性思维能力。

3. 旧版 SWH 教学策略

1999 年,吉丝(C. W. Keys)和韩德(B. Hand)等人提出了科学-写作启发式教学策略(Science Writing Heuristic,SWH)。该策略由教师模板和学生模板组成(见表 2.1 与表 2.2[①])。教师模板包括一系列建议的活动,有助

[①] Keys, C. W., Hand, B., Prain, V., Collins, S. Using the Science Writing Heuristic as a Tool for Learning from Laboratory Investigations in Secondary Science [J]. Journal of Research in Science Teaching, 1999, 36(10): 1065-1084.

于教师开发能让学生进行有趣的思考、写作、阅读和讨论的实验活动,促进学生的科学理解。学生模板则提供了写作框架,引导学生参与实验活动,启发学生谈判和写作活动的进行。

表 2.1　教师模板

1. 通过概念映射引导个人或小组探索教学前的理解。
2. 实验前活动,包括非正式写作、观察、头脑风暴、提出疑问。
3. 进行实验活动。
4. 谈判阶段①-撰写关于实验活动的个人观点(如写作笔记)。
5. 谈判阶段②-小组内部分享并比较对于证据的解释(如制作图表)。
6. 谈判阶段③-将自己的观点与教科书上或其他媒体资源上的观点进行对比(如聚焦重点问题撰写小组笔记)。
7. 谈判阶段④-个人反思与写作(如面向全班作海报或报告形式的展示)。
8. 通过概念映射对教学后的理解进行归纳探讨。

表 2.2　学生模板

1. 初始想法:我的问题是什么?
2. 假设:我要怎么做?
3. 观察:我看到了什么?
4. 推论:我的主张是什么?
5. 证据:我怎么知道的? 我为什么提出这样的主张?
6. 阅读:我的想法和科学的想法的差距在哪里?
7. 反思:我的想法有哪些改变的地方?

以"我们身边的水有危险吗?"的课程为例,[①]采取 SWH 教学策略的过

[①] Keys, C. W., Hand, B., Prain, V., Collins, S. Using the Science Writing Heuristic as a Tool for Learning from Laboratory Investigations in Secondary Science [J]. Journal of Research in Science Teaching,1999,36(10):1065-1084.

程如下：

第一步，基于师生共同头脑风暴的一系列想法，教师引导学生对水污染的问题进行教学前的探索，如构建水污染类型清单等。

第二步，学生撰写一系列非正式日志描述实验活动前对于水质的观察，如观察水上漂浮的外来物或水生生物的生存情况等。过程中教师可进行适当的提示，例如提问"你今天在水中观察到什么污染物的迹象？"，其目的是让学生通过非正式写作的形式了解实验活动。

第三步，实验过程中，学生对学校附近的小溪进行多次访问、观察和取样，通过直接观察、浊度检测、酸碱度检测、溶解氧检测等方式探究溪水的污染程度。同时还进行其他实验以建立与他们的发现相关的概念知识，如测定标准物质的酸碱度，与水样进行比较得出较为准确的判断。

第四步，组内分享自己的观点，并从教科书或教师提供的材料中寻找相应的科学知识，通过小组讨论和比较，解释自己获得的证据并撰写小组笔记。过程中，教师可要求学生对重点问题进行思考，如"你怎么知道溪水中存在污染物？你从酸碱度测定结果中得到了哪些信息？"等。

第五步，学生自由利用相关资源，包括个人笔记、小组笔记、教师提供的材料等，对溪水的污染程度进行评估，给出支持评估的详细证据，并描述其实验过程和测试结果，最后对当前想法和原始想法进行对比思考。最后学生可以构建最终的概念图并面向全班进行展示和讨论（本案例的数据分析中没有使用概念图）。

四、开展论证式教学设计：聚焦于新版SWH

（一）新版SWH的内涵

旧版SWH教学策略适用于实验教学，以小组形式展开实验活动，用科学写作的方式记录实验过程，通过对观点、数据和证据的谈判过程促进学生对科学概念的理解与反思，有助于发展批判性思维。然而必须指出的是，旧版 SWH 教学策略更多的是被作为一种工具对待,[①]它并不能为单元教学设计与实施提供完整的方案。在 2017 年有研究[②]改进了旧版 SWH,把它升级为教学设计与实施的框架。为便于区别,我们可把旧版 SWH 称之为科学-写作启发式教学策略,把新版 SWH 称之为科学-写作启发式教学设计。具体说来,新版 SWH 扩充了旧版 SWH,使之变为表 2.3 所示的三阶段教学规划与实施行动。

表 2.3 新版 SWH 的内涵

阶段一:开发基础性认识论框架	阶段二:论证	阶段三:写作总结
◎ 围绕 3 个大观念形成单元:科学概念;学习是一种沟通;语言的角色。 ◎ 确定学生学什么,并建立单元方案; ◎ 开发沟通准则:针对大观念而不是针对人;群体的角色定位; ◎ 参与与讨论:问题的产生;研究设计;提问-主张-证据链; ◎ 营造和谐的班级氛围	◎ 在问题、主张、证据之间形成关系; ◎ 小组活动;产生推进的主张与证据;全班回顾产品; ◎ 非正式记录——自己充当观众; ◎ 从日常生活经验抽象为简洁的科学内容; ◎ 形成建构与批判的技能; ◎ 与学科大观念匹配	◎ 提出简洁的科学主题大观念; ◎ 应用写作理论指导自身写作; ◎ 真实的观众(同伴或低年级学生); ◎ 写作目的在于把大观念转化为听众的语言

(二) 新版 SWH 的教学设计案例

新版 SWH 有着广泛的国际影响力,在许多国家与地区有着大量拥趸,成为职后教师培训的重要内容。例如,2017 年出版的《来自课堂的多种声

---

① 参见:Keys, C. W., Hand, B., Prain, V., Collins, S. Using the Science Writing Heuristic as a Tool for Learning from Laboratory Investigations in Secondary Science [J]. Journal of Research in Science Teaching, 1999, 36(10): 1065 - 1084; Wallace, C., Hand, B., Yang, E. The Science Writing Heuristic: Using Writing as a Tool for Learning in the Laboratory [A]. W. Saul. Crossing Borders in Literacy and Science Instruction [C]. Newark, DE: International Reading Association, 2004: 355 - 368.

② Hand, B., Norton-Meier, L., Jang, J. Y. More Voices from the Classroom: International Teachers' Experience with Argument-Based Inquiry [M]. Rotterdam: Sense Publishers, 2017: 21 - 24.

音:国际论证式教学的经验》①就收集了来自土耳其、韩国、美国教师对科学-写作启发式教学路径的认识与经验。下述案例由一位一线教师研制,体现了单元"物质状态与热量"的教学设计过程,并不涉及后续的教学实施阶段。具体说来,该案例由三个步骤②构成。

步骤一:准备单元的概念图。在该阶段,教师需要考察教材和课程标准,审视整个单元包含的概念,明晰它们之间的关系,然后把这种关系用概念图形式画出。例如下述的概念图描述了单元《物质状态与热量》中各概念的关系。概念图并非那么容易获得,它要求教师回答"关于这个主题我知道哪些内容?""我现在处于什么水平?""我应该知道什么?"等问题,从而让教师反省自己对单元的整体认知与局部内容的把握,为开展单元教学提供保障。

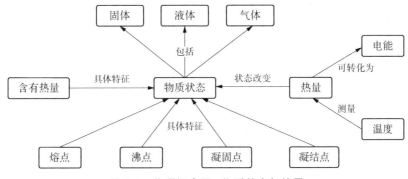

图 2.4 化学概念图:物质状态与热量

步骤二:借助概念图确定大观念及其子观念。概念图为教师提取或整合单元目标提供了有力帮助,大观念及其子观念就是这样的单元目标。例如,在得到图 2.4 所示的概念图后,教师进一步提炼出大观念:当物质受热时它将改变状态,而相应的子观念为:(1)热量是一种热能的表现形式,可

---

① Hand, B., Norton-Meier, L., Jang, J. Y. More Voices from the Classroom: International Teachers' Experience with Argument-Based Inquiry [M]. Rotterdam: Sense Publishers, 2017.

② Hand, B., Norton-Meier, L., Jang, J. Y. More Voices from the Classroom: International Teachers' Experience with Argument-Based Inquiry [M]. Rotterdam: Sense Publishers, 2017: 41.

转化为其他形式的能,通过温度改变可以测量出其大小;(2)物质之间可以进行热量交换,物质状态可得以改变;(3)不同物质含有不同热量。理解与应用这些大观念及其子观念构成了单元目标,也为单元的问题设计提供了方向。从迁移的角度看,大观念体现了课程的重要特质,代表了甚至超越了单元目标。应该说,大观念为教学与评价打下基础,一个好的大观念需满足如下要求:(1)应能覆盖整个单元;(2)应服务于整体单元;(3)应简短、重要且综合;(4)应是所有子观念的焦点所在;(5)在教学与评价实施过程中,它应能为教师指导学生提供便利;(6)应具有原创性并容易识记。

步骤三:规划与大观念及其子观念相一致的活动。各种活动规划对于促进学生掌握大观念及其子观念学习要求非常重要,很难想象没有规划的活动能吸引学生对学习产生兴趣、探究各种问题。一个好的活动应具有如下特征:(1)促进学生对课程发生兴趣;(2)促进学生产生探究问题;(3)通过激发先备知识使得学生比较新旧知识成为可能;(4)强调大观念及其子观念;(5)由学生自己发现达成大观念及其子观念学习要求的途径;(6)在讨论中促进学生与小组内外成员沟通。这些活动特征提醒教师做出回应,其对教师的深层次要求是:(1)明晰活动设计部分的目的何在;(2)为达成大观念的学习要求,需要创设怎样的学习环境;(3)为了达成这些大观念的学习要求,学生需要做什么;(4)怎样获悉学生达成这些大观念的学习要求。从教学与评价角度来分析这些活动特征及要求,可以发现它们实质涉及回答一个问题,即教学与评价的设计如何更有效地达成大观念学习要求。对于上述例子,相关的活动设计如表2.4所示:

表2.4 单元"物质状态与热量"的活动设计

1. 结合生活经验和先验知识,学生个人或小组构建物质状态与热量的概念图。如引导学生思考生活中的物质存在哪些不同的形态,这些形态会有怎样的转变过程,是什么促使它们发生变化等问题。

2. 进行实验前调查,通过非正式写作、头脑风暴等方式描述对身边物质形态的观察,对学生提出疑问,如学校后面的小河一年四季会发生什么样的变化,这些变化发生的同时会引起周围温度怎样的变化,存在什么样的特征。

3. 进行蜡块形态变化的实验活动,回答如蜡块形态的变化过程及发生变化时,周围的温度发生了怎么样的变化等问题。

> 4. 谈判阶段①-面向个人,通过写作笔记的方式观察并记录蜡块形态的变化过程及变化特征,对实验前教师提出的疑问做出个人初步推论。
> 5. 谈判阶段②-面向小组,小组内部分享个人对实验结果的观点并提供证据解释,再通过制作图表的形式比较组内不同的观点,同时将观点与教科书或权威资料(教师提供)上的观点进行对比,聚焦重点问题撰写小组笔记,如是否所有物质都存在相同的形态变化,其变化时的温度变化有何异同等。
> 6. 谈判阶段③-面向全班,组内选取代表与全班分享观点并对实验数据作证据解释,阐述现在的想法与原始想法的异同点,同时根据笔记、资料等制作关于《物质形态与热量》单元的海报或报告进行总结。
> 7. 在教师的引导下,通过单元概念图对本单元概念理解作最后的总结和进一步的反思。

尽管该案例只是新版 SWH 教学设计部分的一种可能体现,但从案例设计中可以看出,新版 SWH 的设计内容具有如下基本特征:①(1)非常关注大观念在单元设计中的地位与作用,用大观念来统整整个单元,尤其是利用大观念来定位单元目标;(2)重视科学质疑,以问题来驱动教学,以便激发学生的内在学习动机;(3)突出沟通的作用,讲究学生与学生、学生与教师之间的联系与交流,把学习视为一种共同体的行动;(4)强调语言的角色。在科学课程中,学生首先学习的是关于科学内容与概念的语言,其次是在科学共同体中应用语言交流,学习科学需要通过语言,在生活中需要应用科学语言,学生将来需要与科学语言一起生活。

综上所述,科学论证是一种有效的教学方式,在学习者科学素养的培养上发挥着重要的作用,是 21 世纪新时代青少年全方面素养发展的关键途径。但目前我国不少科学课堂教学还是以学习者被动接受知识的灌输式教学为主,教师很少论证知识的合理性,致使学习者在接受更高等教育时缺乏足够的论证能力。科学素养是未来教育的核心,科学论证是科学素养的关键,因此,如何培养教师的科学论证意识,进而促进学习者发展科学论证能力,将是未来论证教学领域亟须解决的问题。

---

① Hand, B., Norton-Meier, L., Jang, J. Y. More Voices from the Classroom: International Teachers' Experience with Argument-Based Inquiry [M]. Rotterdam: Sense Publishers, 2017: 8.

第三章

基于建构主义的教学设计

建构主义是当今学习理论的热词,也是教学设计的关键思想基础。基于建构主义的教学设计是单元教学设计的重要模式,为广大教师设计单元教学提供了一种非常重要的思考框架。那么,何为建构主义?基于建构主义的教学设计有何原则?基于建构主义的教学设计如何开展?本章试图围绕这三个问题展开论述。

一、建构主义的内涵

(一)建构主义的思想来源

"建构"源自英文construct,该词意指人的思考或构思,具有强烈的主观能动性。建构主义(constructivism)同样凸显了人在学习中的地位与作用。该理论原先属于认知心理学的一个分支,较早起源于20世纪90年代的美国,20世纪中期以后逐渐成为风靡全球的理论派别。

如果从哲学角度探究其思想渊源,可追溯至苏格拉底的"产婆术",即通过对话等方式来寻求真理。苏格拉底坚持在与学生谈话的过程中,不直截了当地把学生所应知道的知识告诉他,而是通过讨论、问答甚至辩论方式来揭露对方认识中的矛盾,逐步引导学生自己得出正确答案的方法。在谈话过程中,教师和学生的地位是平等的,二者通过对话的方式使各种观点相互碰撞进而能够接近真理。18世纪哲学家维柯(G. Vico)被视为建构主义的先驱,在1710年提出"正如上帝的真理是由上帝自己存在和组合之后才能理解那样,人类的真理也是由人类行为的建构和塑造才得以被认识的"的思想[①],

---

① 李芒.建构主义到底给了我们什么?——论建构主义知识论对教学设计的影响[J].中国电化教育,2002(6): 10—15.

认为所谓真理不过是通过个体的建构和塑造而成的,其观点已经含有建构主义的影子。在此之后,德国哲学家康德(I. Kant)在对理性主义与经验主义的综合中指出,主体并不直接接近外部实在,是通过内部构建自己基本的认知原则或范畴,去组织经验,从而发展知识,已明显体现出建构主义的色彩。① 20世纪50年代之后,库恩等人强调知识的获得基于个人的理解,为建构主义的发展提供了坚实基础。②

如果从心理学的角度追溯其源头,主要可追溯至:(1)杜威(J. Dewey)。"经验"是杜威哲学的核心概念,它通过个体与环境相互作用形成,而不是通过感官而被动获得的感觉印象。经验肯定了学习者作为认识主体的存在,学习的过程其实是受到内外部各种因素影响的,非单一聚焦于传递知识本身的过程。(2)皮亚杰(J. Piaget)。皮亚杰认为认知的实质就是适应,即儿童在已有图式的基础上,通过同化、顺应和平衡三个相互过程,不断从低级向高级发展。儿童的认知结构就是不断同化与顺应的过程,在平衡—不平衡—新的平衡的循环中得到丰富、提高和发展,这种发展就是一种建构的过程,在个体与环境不断相互作用中得以实现。(3)维果斯基(L. Vygotsky)。维果斯基主张,人的思维和智力是在活动中发展起来的,是各种活动、社会性相互作用不断内化的结果,儿童的认知发展更多地依赖于周围人们的帮助,儿童的知识、思想、态度、价值观都是在与他人的交往中发展起来的。个体的心理发展就是在环境与教育的影响下,在低级心理机能的基础上,逐渐向高级心理机能转化的过程。高级心理机能是社会历史的产物,受社会规律的制约。(4)布鲁纳(J. S. Bruner)。布鲁纳认为学习的实质在于主动地形成认知结构,而不是被动地形成刺激—反应的联结。学习者不是被动地接受知识,而是主动地获取知识,学习者通过把新获得的信息和已有的认知结构联系起来,进而积极地构成知识体系。

---

① 赵万里.科学的社会建构[M].天津:天津人民出版社,2002:30.
② 高文.建构主义与教学设计[J].外国教育资料,1998(1):24—27.

(二)建构主义的基本主张

尽管建构主义有着不同流派,但建构主义在知识观、学生观、学习观和教学观上体现出共性。它们明显有别于传统学习理论。

知识观。建构主义站在客观主义的对立面,认为知识并不是对现实的准确表征,它只是一种解释、一种假设,并不是问题的最终答案,也就是否定了真理的绝对性。并且,知识并不能精确地概括世界的法则,在具体问题中我们并不是拿来即用,而是需要针对具体情境进行再创造。不同的学习者对同一个命题会有不同的理解,理解只能由个体基于自己的经验背景来建构,它取决于特定情境下的学习历程。哪怕科学知识包含真理性,也不代表其是绝对正确的答案,它只是对现实一种更可能正确的解释。更重要的是,这些知识在被个体接受前,对个体而言毫无权威,学生对知识的接受只能靠他们自己的建构来完成。所以学习知识不能满足于教条式的掌握,需要不断深化,把握它在具体情境中的复杂变化。

学生观。建构主义之下,学生不再是等待被加工的"机器",他们是活生生的人,有自己的思想,有不同的经历。学生走进教室时,即已经意味着他们的脑袋不是空空如洗,在日常的生活学习中他们已经积累了一定的经验,教学不能无视学生的这些先前经验,要把这些经验作为新知识的生长点,引导儿童从原有的知识经验中"生长"出新的知识经验。同时,学生是生活在一定社会文化的真实背景之下的个体,因此教学要为学生创设理想的学习情境,使学生的学习具有现实意义。

学习观。建构主义认为,学习不是知识由教师向学生传递,而是学生建构自己知识的过程。学生不是被动的信息接收者,而是主动的意义建构者,并且这种建构不能由其他人代替。其中,学习者的知识构建过程具有三个重要特征,第一,学习者的主动构建性。面对新信息、新概念和新命题,每个学生都以自己原有的知识经验为基础构建自己的理解。学习是个体建构自己的知识的构成,这意味着学习是主动的,要对外部信息做主动的选择和加工。第二,学习的社会互动性。学习任务是通过各成员在学习过程中的沟通交流、共同分享学习资源完成的。第三,学习的情境性。建构者认为知识并不是脱离活动情境而抽象地存在,知识只有通过实际情境中的应用活动才能真正被人理解。因而,学习应该与情境化的社会活动和实践活动结合起来。

教学观。建构主义不再把教学视为传递客观而确定的现成知识的活动,而是视为激发出学生原有的相关知识经验,促进知识经验"生长",以促成知识经验的重新组织、转换和改造的活动。教学的目的不再仅仅是传递知识了,而是帮助学生建构知识的意义。一方面,教学要为学生创设理想的学习环境,为学生提供丰富的信息资源、处理信息的工具以及适当的支持,激发学生的高阶思维能力的发展。另一方面,教学评价的重点也不再仅仅聚焦于学习结果,而是更倾向于评价学生知识建构的过程。

二、基于建构主义的教学设计的原则

相比传统教学设计,来自建构主义的教学设计有着独特原则。例如,钟志贤关于建构主义的教学隐喻可视为教学原则。其内容如下:(1)教学就是创设有助于意义建构的学习环境;(2)要创设有助于交流协商、知识建构和知识协作的学习共同体;(3)要重视学习者的社会参与,强调真实的学习活动和情境化内容,创建实践共同体和实习场,以使学习者所学知识和能力具有远迁移力和强大的生存力;(4)知识的掌握不能以现成的、孤立的方式进行,掌握复杂知识需要掌握组成系统形式的知识的不同方面,必须重视知识的多元表征;(5)利用情境原则,设计支持隐性知识学习的环境,使学习者能潜移默化地领悟所学的知识。[①]

我国另一基于建构主义的著名教学设计研究者何克抗也提出了如下类似的原则:(1)强调以学生为中心,明确"以学生为中心"。(2)强调"情境"对意义建构的重要作用。学习总是与一定的社会文化背景即"情境"相联系的,在实际情境下进行学习,可以使学习者能利用自己原有认知结构中的有

---

① 钟志贤.建构主义学习理论与教学设计[J].电化教研,2006(5):10—16.

关经验去同化和索引当前学习到的新知识。(3)强调"协作学习"对意义建构的关键作用。学习者与周围环境是交互作用的,学生们与教师共同建立起学习群体。在这样的群体中,共同批判地考察各种理论、观点、信仰和假说;进行协商和辩论,先内部协商,然后再相互协商。(4)强调对学习环境的设计。学习环境是学习者可以在其中进行自由探索和自主学习的场所。在此环境中学生不仅能得到教师的帮助与支持,而且学生之间也可以相互协作和支持。(5)强调利用各种信息资源来支持"学"。为了支持学习者的主动探索和完成意义建构,在学习过程中要为学习者提供各种信息资源。这些媒体和资料并非要用于辅助教师的讲解和演示,而是要用于支持学生的自主学习和协作式探索。(6)强调学习过程的最终目的是完成意义建构。在建构主义学习环境中,学生是认知主体、是意义的主动建构者,要把学生对知识的意义建构作为整个学习过程的最终目的。[①]

同样,据洪贝恩(P. Honebein)研究,可将7个要求作为典型原则:[②](1)提供有关知识构建过程的经验(学生决定他们将如何学习);(2)提供多角度的经验和评价(对备选方案的评价);(3)将学习嵌入现实情境中(真实的任务);(4)在学习过程中鼓励自主性和发言权(以学生为中心的学习);(5)将学习融入社会经验中(协作);(6)鼓励使用多种表示方式(视频、音频、文本等);(7)鼓励对知识建构过程的意识(反思、元认知)。

许多中外学者对建构主义在教学设计中的应用提出了相关的设计原则,对推进建构主义的教学实践产生了积极的作用。钟志贤总结了国内外著名建构主义学者的相关论述,提出如下反映基于建构主义的教学设计之关键词网络。这一网络不仅概括了建构主义教学设计的关键特征,而且可以充当反思建构主义教学设计的一种工具。

---

① 何克抗.建构主义的教学模式、教学方法与教学设计[J].北京师范大学学报(社会科学版),1997(5):74—81.
② Honebein, P. C. Seven Goals for the Design of Constructivist Learning Environments. in Constructivist Learning Environments: Case Studies in Instructional Design [M]. New Jersey: Educational Technology Publications, 1996: 11-12.

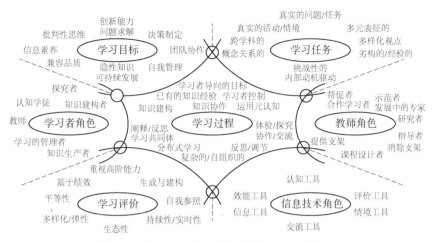

图 3.1 基于建构主义教学设计的关键词网络①

这些原则都指向高阶复杂的学习目标,突出了情境、对话与沟通、意义建构、学习共同体等关键词。这些原则表现在多个方面,下面从教学目标、教学主体、教学过程、教学评价与教学工具共五个方面做简要说明:(1)在教学目标上,不再是只关注知识和技能性的目标,更加关注目标的整合性和多元性。(2)在教学主体上,由于学习的过程就是建构的过程,因此学习的主体也即建构的主体,主动建构的过程的中心在于学生的"学",学生可以独立探究,也可以合作学习,但主体始终围绕学生自身。(3)在教学过程中,学生不再像过去一样处于孤立的竞争状态,目标也不再是超越所有人,能够居于分数排行榜的前列,而是通过师生、生生之间的合作互动完成一定任务或解决共同的问题。教师和学生的关系不再是上下级,学生可以随时向教师提出疑惑,也可以指出教师的问题,即教学相长。学生和学生的关系不再仅仅是竞争者,相反可以通过他人的思维拓展自己的学习空间来取长补短。整个课堂处于民主、平等、和谐、宽松的情境之中,相互促进和提高。应该说,这样的学习环境强调学生与学生之间的合作,重视对话与沟通,实质上整个班级形成学习共同体。共同体行动过程就是教学展开过程,这需要围

---

① 钟志贤.建构主义学习理论与教学设计[J].电化教研究,2006(5):10—16.

绕情境性问题展开。一般说来,情境越是真实,学习效果越好。(4)在教学评价中,单一的评价主体和形式已经不能满足建构主义教学的要求。评价的改革主要体现在,评价不仅仅是在教学结束后进行,而是贯穿融入整个学习的过程,评价的重心转移到学生学的过程,也就是学生建构知识的过程。评价的主体不再仅仅是教师,可以是同伴,甚至也可以是自我。自我评价有助于发展自身的自我反思、自我调节、自我检查和反思能力,了解自己的不足和优势,看到自己的进步,明确方向和目标。(5)在教学工具上,基于教学目标利用传统与新式的内容展示工具、沟通交流工具等,使得学习更加可视化,让学习更容易地发生。

三、如何开展基于建构主义的教学设计:聚焦于CLD

(一) CLD框架构成

基于建构主义的教学设计存有众多模式与框架,下面重点推介建构主义学习设计(Constructivist Learning Design, CLD)。CLD 是由加侬夫妇(G. W. Gagnon & M. Collay)通过 15 年的研究总结而得出的。它以建构主义学习理论为基础,是关于在现实世界中如何进行学习与教学的思维方法。[1]

具体说来,CLD 以三个问题为基础[2]:你的学生想学什么?你的学生目前在他们的学习中处于什么样的位置?如何了解人们期待学生学会什么?在这三个问题引领下,CLD 提出了由情境、任务、桥梁、小组、展示、反思共六大要素构成的基本框架。这六大要素之间的关系如图 3.2 所示,其中情境要素是对整体教学过程的总体设想,涵盖了其他五个要素,这五个要素需要通过问题解决的方式来展开以便实现学生为中心的学习。

---

[1] 马兰,盛群力.课堂教学设计——整体化取向[M].杭州:浙江教育出版社,2011:110—111.
[2] [美]乔治·加侬,米歇尔·柯蕾.建构主义学习设计——标准化教学的关键问题[M].宋玲,译.北京:中国轻工业出版社,2008:Ⅻ,2,5—6.

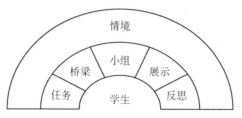

图 3.2　CLD 的示意图

如果要深入理解这个框架,有必要进一步探讨每个要素的内涵。表 3.1 呈现了六个要素的各自要点。从中可以发现,这六大要素体现了上述基于建构主义的教学设计原则,如情境、协作、意义建构、学习共同体等思想。

表 3.1　CLD 中六大要素的各自要点

六大要素	各 自 要 点
情境	(1)目标:你为什么让学生参与这个学习情节?(2)主题:你想让学生学习的中心内容是什么?(3)评价:你会怎样评估学生的学习?
小组	(1)学生:你会怎样组织学生分组?(2)材料:学生会利用哪些材料创建意义?(3)设备:为了促进学习,你会如何分配设备?
桥梁	(1)听众:谁是你的学生?(2)前概念:你会怎样揭示学生的已有知识?(3)联系:你会怎样把学习主题与学生的生活联系起来?
任务	(1)参与:学生会怎样创建意义?(2)学习:哪种记录能证明学生的学习?(3)思考:学生会问什么问题以及你会怎么回答?
展示	(1)手工作品:学生会制作出什么东西作为他们的学习成果?(2)介绍:学生会怎样介绍他们的手工作品?(3)解释:学生会怎样解释他们的思维活动?
反思	(1)感受:学生会如何反思他们的情感经历/亲身体验?(2)映像:学生会如何反思他们的感觉经验?(3)语言:学生会如何反思他们的沟通经历?

(二)应用 CLD 的单元教学设计案例

CLD 为实现学习者为中心的教学设计提供了知识基础,为便于进一步说明 CLD,表 3.2 呈现了一个运用 CLD 的教案。

表 3.2　基于 CLD 的"小型摩托发动机"单元设计[①]

年级：初中；学科：工业技术；标题：小型摩托发动机	
情境 （1个季度）	这个情境的目的是让学生了解小型内燃机是如何工作的，教师安排了一个季度的时间帮助学生复习和应用小发动机的运动理论。学生的学习主题是拆开、再重新装配一个小型内燃机。首先，小组要检验和替换发动机的某些特殊部分，下一个组要检验这个"新"发动机，然后再在一个他们自己制造的机器（如一辆小型摩托车）上进行测验。在评估中，小组要向同伴和父母展示他们的发动机和机器。
小组 （第一节课）	两人或三人的学生小组形式取决于班级学生的数量、可利用的发动机数量和每个学生需要让他们亲自体验实践学习的重要性。例如，教师可以把一台发动机拆开，每个组分到一部分。一台发动机也可以被拆开好几次，每次由一组完成，或者20个学生可以分享4—5台发动机。小组应该足够小，保证每个学生都能充分地参与。
桥梁 （第一周）	每个组有2—3个学生，给他们提供一个小型发动机的一部分，借助示意图，他们必须辨别这个部分，描述他们的功能，并说出它与其他哪个部分相连。他们也可能会解释这个部分是运转良好，或者是已经损坏，需要替换。
任务 （4—5个星期）	每个小组都会得到一台发动机，他们可以自己完成分解、重组、机床测试、装配和实地试验。一台小型内燃机是怎么运作的？燃料会去哪里？火花塞会做什么？排气装置是由什么组成的？为什么改变火花塞或混合燃料会影响机器的性能？如果发动机更大或更小，将会发生什么？你可以用这个发动机做些别的什么事？
展示 （1—2个星期）	小组可以展示发动机的单独组成部分、他们的分析说明和贯穿整个课时始终的修理过程。当然，最后的展品是全速运行的小型摩托车。他们应该准备好向全校作介绍和示范。
反思 （1个星期去编写、编辑和布置网页）	教师根据学生在修理内燃机时遇到的问题，不断地引导学生进行分析。在各个学期初，你对小型内燃机有什么了解？最难理解的概念是什么？你是怎么弄懂那个概念，并把它教给小组里的其他人的？你是怎样证明你已经理解它了？如果要你向全班讲解小型内燃机，你会怎么开始？假设不考虑小型电动内燃机的发展动向，小型内燃机修理是一门重要的技术吗？

[①] [美]乔治·加侬，米歇尔·柯蕾.建构主义学习设计——标准化教学的关键问题[M].宋玲,译.北京：中国轻工业出版社,2008：220.

第四章

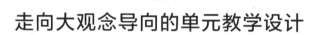

走向大观念导向的单元教学设计

前述三章论述了三种典型的单元教学设计模式,通过简要的比较分析可以看出,它们在理论偏向、设计程序等方面各具特色,但也存在明显的共性,即都以大观念为中心展开单元设计。这在一定程度上昭示着大观念导向乃当前单元教学设计的重要发展趋势。那么如何理解大观念及其对单元教学设计的价值?大观念导向的单元教学设计有何特征?大观念导向的单元教学设计对教师意味着什么?这三个问题构成了本章试图回答的核心问题。

一、大观念及其对单元教学设计的意义

尽管前述三章都提及大观念,但并未深入探讨大观念的内涵。因此,极有必要专门开辟一个章节来回答何谓大观念。

(一)何谓大观念

就中文字面来看,大观念与大概念、大想法、大思想等词语同义,它能让我们联想起诸多远大的抱负。在课程与教学领域,大观念(big idea)则有着特定的内涵,较早可追溯至六十多年前布鲁纳(J. S. Bruner)倡导的学科结构运动。

这场举世瞩目的运动源于一种假定:任何学科都拥有一个基本结构。在布鲁纳看来,掌握学科的结构就是以允许许多事物有意义且相互关联的方式来理解该学科,习得结构就是学习理解事物如何相互关联。以代数为例,它是一种将已知数和未知数安排成等式的方法,以利于使未知数变得可知,其三个基本要素包括交换、分配、结合。当学生掌握了这三个基本要素,学生就会知道要解决的"新"等式其实根本也不是新的。[①] 据此,我们不难

---

① Bruner, J. S. The Process of Education [M]. Harvard University Press, 1960: 7-8.

理解布鲁纳的螺旋式课程的设计思想——围绕某些核心概念展开课程设计，在不同年龄段一再重现这些概念，因为这有助于设计连续聚焦一致的课程，同时也有助于发生学习迁移。

1998年，埃里克森(H. L. Erickson)明确指出大观念是一种抽象概括，它们是在事实基础上产生的深层次的、可迁移的观念；是对概念之间关系的表述；具有概括性、抽象性、永恒性、普遍性的特征。2004年，威金斯和麦克泰格(G. Wiggins & J. McTighe)对大观念做出了更为系统的论述。他们认为，大观念是对个别的事实和技能赋予意义和联结的概念、主题、问题。① 大观念不是我们平常所说的基本概念，大观念是居于学科"核心"的观念，而基本概念只是此术语所暗示的意义——进一步学习的"基础"。威金斯和麦克泰格认为，大观念表现形式可以是多种多样的：一个词或两个词（如平等）、主题（如善良战胜邪恶）、持续的论辩和观点（如保守对自由）、自相矛盾之说（如离家以找寻自我）、理论（如进化论）、背后的假定（如市场机制是理性的）、理解或原理（如形式随功能而定）、一再出现的问题（如我们能进行有效证明吗？）。② 显然，威金斯和麦克泰格的大观念指向思想或看法，可以是概念，也可以不是概念，已超越前述学者的观点。在他们看来，大观念是理解的基础素材，可以被想成是有意义的概念工具，这些概念工具使学生将若不联结就会分散的点状知识联结起来。这样的观念超越了个别的知识，可应用到学科之内或以外的新情境。简要地说，大观念可归纳为：是一种有焦点的观念"透镜"，透视任何要学习的内容；通过联结及组织许多事实信息、技能、经验，来提供意义的广度，以作为理解之关键；需要"超越内容"的教学，因为单纯的内容教学对学习者而言其意义或价值极不明显；有很大的学习迁移价值：在一段时间之内，可应用到许多其他探究主题或问题上。③

---

① [美]格兰特·威金斯，杰伊·麦克泰格. 重理解的课程设计（第三版）[M]. 赖丽珍，译. 台北：心理出版社，2011：xix.
② [美]格兰特·威金斯，杰伊·麦克泰格. 重理解的课程设计（第三版）[M]. 赖丽珍，译. 台北：心理出版社，2011：7.
③ [美]格兰特·威金斯，杰伊·麦克泰格. 重理解的课程设计（第三版）[M]. 赖丽珍，译. 台北：心理出版社，2011：71.

2010年,哈伦(W. Harlen)等人编著了《科学教育的原则与大概念》,着重从概念的层面探讨大观念,明确提出14项科学教育的大概念(即大观念)。在该书中,大观念被视为适用于一定范围内物体与现象的概念,例如,生物体需要经过很长时间的进化才能形成在特定条件下的功能。与此相对应,小概念只能应用于特定观察与实验,例如,蚯蚓能很好地适应在泥土中的生活。然而,概念大小是不同的,中等程度大小的概念可连接到较大的概念,而较大的概念可连接到更大一些的概念。照此类推,只要能分解出更小概念的概念,都可被称作大观念,因此大观念只是一个相对的概念。一个概念若要想被称为大观念,它需要满足:能被普遍运用;能通过不同内容来展开,可以依据关联度、兴趣和意愿来选择内容;可以运用于新的情境,能够使学习者理解他们一生中可能会遇到的情况和事件,即使是学习者目前尚不知道的。[1] 在此必须指出,哈伦等人的大观念与威金斯等人的大观念有所不同:哈伦等人主要探讨中观层面的课程问题,用大观念作为课程目标的思路来重构新的科学教育体系,而威金斯等人的探讨主要是在微观层面,即在基于课程标准的前提下,用大观念的方法探讨单元或主题教学的设计。就大观念本身而言,前者比较严密,后者相对松散,前者的贡献在课程领域,后者的贡献在教学领域。[2] 限于论题与篇幅,下面将聚焦于微观层面的大观念。

这些代表性观点启示我们,在地位上,大观念居于学科的中心位置,集中体现学科课程特质的思想或看法;在功能上,大观念有助于设计连续聚焦一致的课程,有助于发生学习迁移;在性质上,大观念具有概括性、永恒性、普遍性、抽象性;在范围上,大观念意指适用较大范围的概念;在表达方式上,大观念有多种表现形式。

(二)大观念对单元教学设计的意义

由于自身所具有的独特内涵,大观念对单元教学设计有着特殊的意义。

---

[1] [英]温·哈伦.科学教育的原则与大概念[M].韦钰,译.北京:科学普及出版社,2011:20.
[2] 崔允漷.大观念及其课程意义[J].上海课程教学研究,2015(10):3—8.

这至少表现在如下三个方面：

大观念的学习要求提供了单元目标的路标。上文表明，大观念代表了学科最为根本而重要的思想与内容，实质上体现了学科知识的精华。毋庸置疑，大观念的学习要求体现了学科核心素养与核心素养的要求，这恰恰是单元教学设计所欲落实的目标。换言之，大观念的学习要求将成为单元教学目标的重要来源。这在一定程度上确保了单元教学的学科立场，确保了单元教学的指向是高阶、复杂的素养目标。就此而言，大观念为单元教学提供了路标。

指向问题解决的大观念促进学生学习的迁移。大观念能有效地组织起学科零碎化的知识与技能，有助于学生的学习超越特定的情境，可应用于各种具体情境中。学生一旦把握了这些大观念，它们将被用于各种情境，问题解决过程中所体现的大观念的学习要求形成了学生必须达成的目标。当学生在思考从学习主题中引出的可迁移观念和问题时，大观念使得思维超越事实和活动，达到更高的层次。单元教学设计是素养取向的，要求学生能将知识技能应用于具体不同情境，这本身就隐藏着迁移的诉求。在这点上，大观念具有得天独厚的优势，因为它们所具备的概括性、永恒性、普遍性、抽象性与单元教学目标的迁移要求可谓无缝对接。

隐藏着主要问题的大观念组织起单元教学的规划。若想使学生理解与运用大观念，教师需要创设并组织相应学习活动。这些学习活动需要学生通过问题解决的方式来进行。这是因为大观念的理解与运用本身就需要在问题探究中落实。例如，对于大观念"光具有波的性质"，可设置对应的一个问题"在哪些方面，光的作用就像波？"这种与大观念相对应的问题可被称为主要问题。如果某个问题要被视为主要问题，其必须满足下列基本条件：围绕大观念和核心内容引起相关的真实探究；启发深度思考、热烈讨论、持续的探究，以及新的理解和更多的问题；要求学生思考其他选择、权衡证据、支持自己的概念、证明他们的答案；激发对大观念、对假设，以及对以前的课堂学习进行重要的、持续的重新思考；对之前的学习和个人经验激发有意义的联结;自然而然地重视概念——产生将概念迁移到其他情境和学科的机会。[①]

可见,主要问题的功能是作为入口,通过这个入口学生可以探究关键的概念、主题、理论等,进而深化对大观念的理解。当然,主要问题不仅能引发学生有效地理解,而且也是产生有效教学内容的"方法"。在大观念视角下,主要问题以大观念为路标,促进学生掌握理解与运用大观念所需的多种技能的复杂行为表现。表 4.1 展示了以主要问题所组织的单元教学的案例。[②]

表 4.1 以主要问题为线索组织教学/学习活动的案例(节选)

主要问题:为什么讲故事是重要的?	
学习活动 1:教学活动	学习活动 2:穿插的评价
用动漫"绿色森林"介绍寓言; 开展寓言书展; 要求学生描述自己与同学; 描述童话中的人物性格; ……	任务:讨论 工具:教师观察学生 任务:制作图表 工具:轶事记录 ……

如果可能的话,可用不同层面的主要问题组织教学过程,例如下表所示[③],可把学期或学年层面的主要问题分解为各个单元层面的主要问题。

表 4.2 不同层面的主要问题举例

学期层面的主要问题	单元层面的主要问题
不同文化是如何导致冲突的?	什么是冲突? 在 1776 年美国人对英国法律的反应中,文化因素是如何发挥作用的? 如何在冲突中区分不同文化?

---

① [美]格兰特·威金斯,杰伊·麦克泰格.重理解的课程设计(第三版)[M].赖丽珍,译.台北:心理出版社,2011:72.
② Drake, S. M. Creating Standards-Based Integrated Curriculum: Aligning Curriculum, Content, Assessment, and Instruction. [M]. Corwin Press, Crowin Press, 2007:124-127.
③ Drake, S. M. Creating Standards-Based Integrated Curriculum: Aligning Curriculum, Content, Assessment, and Instruction. [M]. Corwin Press, Crowin Press, 2007:92.

续表

学期层面的主要问题	单元层面的主要问题
系统中不同模式是怎样显示出来的?	什么是变量? 什么是方程组? 你将如何解决二元一次方程组问题?
价值观是如何影响决策的?	价值观在你生命中扮演着什么角色? 汤姆的决定是怎样展现出其想法的重要性? 核心价值观与决策是如何关联的?

二、大观念导向的单元教学设计的特征

三种单元教学设计思路表面上看似存在很大差异,例如在环节设计上,逆向教学设计是从课程标准中获取大观念,然后先设计评价活动,最后才设计教学活动。科学-写作启发式教学设计则是通过概念图获得大观念,然后设计教学与评价的活动,并未把评价活动设计提前于教学活动设计。而建构主义学习设计则是提出了由情境、小组、桥梁、任务、展示、反思共六大要素构成的基本框架,这六大要素构成了设计环节。但如果作深入分析,会发现三种单元教学设计思路具有更多的共性,它们体现了当今人们对于学习的认识及其在课程领域的实现。

(一) 以建构主义为学习理论基础

一般说来,采取什么设计思路涉及学习理论,后者是前者的设计依据。逆向教学设计与科学-写作启发式教学设计都直接体现当今建构主义的要旨,强调学习的作用。例如,逆向教学设计的学习活动设计部分(WHERETO)就注重激发学生学习兴趣、重视学生自我评价与反思、同伴评价与反馈,而科学-写作启发式教学设计本身就需要学生进行科学探究,注重小组合作与情境设计,强调小组之间的沟通与论证。建构主义学习设计更是直接体现了学生之间社会性的合作与学习,重视学生的汇报与分享。

如果从大观念角度来考察,更容易能看出这三种教学设计背后的学习理

论,大观念超越了零碎的知识,是一种高阶的统整性知识,促进学习迁移的发生,在两大方面直接关联建构主义:(1)要掌握大观念,需要学生联结新旧知识,在学习深度上获取高阶知识,进而灵活地把它们应用于各种具体情境中。这直接体现了建构主义的诉求,即在解决劣构问题中,不能简单套用原来的解决方案,而需要在原有经验的基础上重新做具体分析,运用高阶知识建构新的理解方式和解决方案。(2)要掌握大观念,学习者往往要通过学习共同体成员之间的对话进行。这也直接体现了建构主义的内涵,即学生要形成并捍卫自己观点,还要尊重他人观点并与他人共同协商合作,共同建构意义。

(二)以大观念实现"少即是多"的课程设想

大观念是学科代表性概念,有学者指出了它们对设计课程的重要性,并认为这些概念在节省学习付出方面能使学习既有效能又有效率。这是因为,如果一门学科有某些特色概念可以代表它,那么彻底地理解这些概念就等于获得整个学科的知识;如果一门学科的知识是按照某些模式而组织,那么完全理解这些模式,足以使得许多符合学科设计的特定要素变得清晰。[①] 无疑,这样的代表性概念能减轻学生学习负担,促进更加有深度的学习。在当今知识爆炸时代,这种"少即是多"的课程设想也有现实的必要性,因为相比无比吃力或根本无法掌握快速增长的知识,我们更需要掌握一些如大观念这样更为根本的知识。

(三)以大观念引导单元设计

从课程基本要素的目标、实施(包含内容)、评价角度看,两种设计思路都定位于学科课程,需要制定出单元目标,然后以此引导单元学习与评价活动设计。三者之间要保持匹配,即体现课程一致性的思想。

确定统整性的单元目标。大观念主要是一种"观念",学生需要理解与运用这种观念,理解与应用大观念往往代表了大观念的学习要求。在逆向教学设计中,大观念的学习要求主要指大观念的"理解"与达成如此"理解"所需的学生的所知所能,它们代表了单元目标。在科学-写作启发式教学设

---

① Phenix, P. Realms of meaning [M]. New York: McGraw-Hill, 1964: 232.

计中,可把大观念(包含子观念)的学习要求作为单元目标。

单元目标之所以被称为统整性高阶目标,可从大观念的获取上得以反映。在逆向教学设计中,获取大观念的常见策略有:将内容标准中一再出现的名词或短语作为大观念、通过追问方式确定大观念、以词组配对方式产生大观念、用归纳方式获得大观念。在科学-写作启发式教学设计中,获得大观念的策略主要通过提取单元概念图所包含的内容来确定。可见,这些策略所得的大观念代表了学科关键概念或思想,理解与应用大观念自然成了统整性目标。

设计问题/任务导向的学习活动。问题或任务是学习的敲门砖,问题解决过程就是有效学习过程,基于问题解决的学习方式已受到广泛认可。在认知上,多数认知科学家认为,学习者必须在情境中通过与问题互动,才能理解问题或任务。学习者必须经过内部加工和思考,或者与他人的互动,进行积极的意义建构,从而深入理解情境活动、解决问题。[1] 基于问题解决的学习能让学生感到兴奋,并且所受威胁程度最小。因为在此过程中,学生们互相帮助,教师充当学习促进者和合作学习者,评价目的在于推动学习活动,也富有意义。相当多的脑科学研究报告也支持问题解决的学习方式。如有研究表明,当个体处于受威胁状态时,他或她的思维习惯基本上要退化到原始或初期状态。[2]

就逆向教学设计而言,这一方面是因为大观念的理解与运用本身就需要通过对主要问题的探究来落实。主要问题一般为1—3个左右,能激发学生的探究兴趣与深度思考,产生将概念应用于其他情境的迁移能力。就科学-写作启发式教学设计而言,教师可为大观念的学习要求设计主要问题,然后依据子观念的学习要求在主要问题统领下设计相互勾连的子问题链。对于两种设计思路,主要问题及相关子问题链将引出众多学习活动,设计严

---

[1] [美]琼斯,拉斯玛森,莫菲特.问题解决教与学——一种跨学科协作学习的方法[M].范玮,译.北京:中国轻工业出版社,2004:23—24.
[2] Caine, R. N., Caine, G. Making Connections: Teaching and the Human Brain [J]. Association for Supervision & Curriculum Development, 1991: 201.

密的教学需要按照一定秩序对这些活动加以组织。

规划单元评价活动。为了了解与促进学生学习，单元设计还需依据大观念的学习要求进行评价活动设计。两种设计思路都兼顾了总结性评价与形成性评价，在运用对学习的评价(assessment of learning)与促进学习的评价(assessment for learning)之间达成某种平衡。

具体开展评价活动设计时，需要考虑：(1)联结学习活动，使得学习与评价相嵌。这主要要求教师思考主要问题及其相关学习活动，然后穿插相关评价活动，甚至把学习活动本身设计为评价活动；(2)尽量采取表现性评价或真实性评价。这一方面要求设计情境性任务，另一方面要求设计例如评分规则这样的评价标准。这是因为，大观念的学习要求需要情境性任务与评分标准，同时它们为丰富的评价活动提供了可能，如学生可以依据它们开展自我评价或同伴评价；(3)收集充分的学生学习证据。评价活动不止于那些例如课后作业等相对正式的活动，也可以包括观察与提问等相对不正式的活动，它们各有利弊，需要结合实际需要综合地加以利用以便获取学生全面的学习信息。

简要地说，大观念导向的单元教学设计体现了两大理论，即建构主义学习理论与课程一致性理论，大观念则是体现这两大理论的课程抓手。

三、大观念导向的单元教学设计对教师意味着什么

以大观念为中心的单元设计是当前国际单元设计发展的新趋势，鉴于大观念的作用，可预见其将成为未来国际单元设计的重要一员。对于我国来说，由于大观念指向学科特质，理解与应用大观念直接体现了学科核心素养，在很大程度上也体现了中国学生发展核心素养，理解与应用大观念的实现意味着学科核心素养与中国学生发展核心素养的落实。[①] 因此，借鉴以

---

① 邵朝友，崔允漷.指向核心素养的教学方案设计：大观念的视角[J].全球教育展望，2017(6) 11—19.

大观念为中心的单元设计有其必要性。具体运作时，我国教师需要做出如下诸多努力：

回顾教学设计的原点，提升学习理论的认识。大观念之所以被应用于单元设计，其根本原因在于它体现教学设计的学习诉求。因此，教师在开展相关单元设计时，必须不时回顾教学设计的原点，在教学设计过程多问问自己"如此设计能得到学习理论的解释吗？"从根本上讲，有意识地通过各种途径加强学习理论的认识，提升学习理论素养，才能为实现以大观念为中心的单元设计提供基本保障。

转变教学设计思维方式，走向大观念的单元设计。一方面，当前我国许多教师还缺乏单元设计的思维方式，固守一节课一节课地开展课时备课；另一方面，虽然实践中少数教师也开展了逆向教学设计，也涉及与大观念、单元设计相关的主题教学，但总体而言，这些做法与以大观念为中心的单元设计尚有距离。就此，教师需要认识到：正是在单元教学方案这样的整体背景下，课时教案才有意义，没有单元教学方案，课时教案只是孤零零的、没有意义的局部；中国学生发展核心素养与学科核心素养是一种内容容量大的素养，本身就需要通过单元教学方案的规划得以落实，而不是通过细碎化的孤零零课时教案来落实；大观念有助于落实中国学生发展核心素养与学科核心素养，开展以大观念为中心的单元设计是重要的一项专业诉求。

围绕大观念的学习要求，研习课程要素的设计技术。以大观念为中心的单元教学设计涉及诸多技术，它们对教师提出较高要求。尤其是建立起"中国学生发展核心素养→学科核心素养→内容标准/内容要求[①]→单元目标→课时目标"的技术认知路线，明晰大观念及其学习要求，进而依据大观念的学习要求调整或重整教材中的单元内容、分置各个课时目标、设计统整性的探究问题、设计表现性评价等，所有这些都要求教师做出实实在在的回应。

---

① 注：新一轮高中课程标准（2017年版）用"内容要求"取代了原来的"内容标准"。

第二部分
核心技术

第一部分单元教学设计模式的实现还需要相关技术的支撑,本部分将为此提供七种核心技术,分别是解读课程标准、诊断学生学情、开展教材分析、确定单元教学目标、明确主要问题、研制核心学习任务、设计评价方案。七种核心技术各自独立成章,为单元教学设计提供了必要常规武器。它们之间的逻辑如下图所示。与此同时,这些技术是在大观念导向下开发的,而大观念则体现了建构主义学习理论和课程一致性理论。

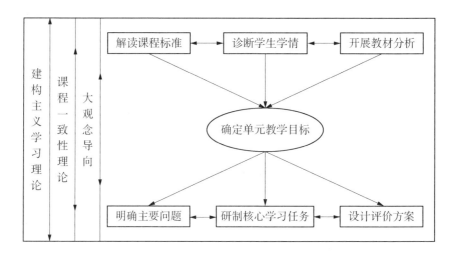

上图实质勾勒了第二部分的逻辑路线图。其中确定单元教学目标是核心,它通过综合解读课程标准、诊断学生学情、开展教材分析三大环节而得。实际上,这三大环节相互关联,并非泾渭分明,只是出于论述便利,把它们分开进行独立论述,行动中它们也未必遵循严格的先后次序,例如实际中通常可初步诊断学生学情和开展教材分析后解读课程标准。

确定单元教学目标后,可进而据此明确主要问题,以便实现问题驱动的探究学习;研制核心学习任务,安排单元核心学习活动;设计评价方案,以便获悉目标落实情况。主要问题、核心学习任务和评价方案中的嵌入式评价关系紧密,都可用来架构单元设计。换言之,单元教学设计可以三种方式进行架构：一是在单元目标的关照下，以主要问题为线索开展单元教学设计；二是在单元目标的关照下，以核心学习任务为线索开展单元教学设计；三是在单元目标的关照下，以嵌入式评价任务为线索开展单元设计。无论是主要问题、核心学习任务，还是嵌入式评价任务，都服务于单元目标，无非表达方式不同。实际上，主要问题以问题形式出现，可以把它及其子问题转化为核心学习任务及其子任务；嵌入式评价任务是贯穿单元设计的核心评价任务，通常也是教学任务，其实质是核心学习任务。

这七种核心设计构成一个有机整体，它们的开发过程大致描述了单元教学方案的研制过程。需要指出的是，上述技术开发过程并非线性的，应视实际情况而定。例如，当教师解读课程标准后，也可以大致先明确主要问题、研制核心学习任务，然后通过教材分析和学情分析做进一步调整。

应该说，这些技术涉及方方面面，本书只探讨了必要的部分内容。在严格意义上，每个技术都需要长篇论述，甚至独立成书。鉴于作者的能力和精力，本书并不求全，更多的是从实用角度思考问题，只提供当前单元教学设计所需的必要技术。有兴趣的读者完全可以补充更多的技术，如表现性任务与评价规则的开发[①]，或者丰富并体系化每个核心技术。

[①] 注：有关这部分的内容可参考下列资料：周文叶.表现性评价的理论与技术.华东师范大学出版社,2014；王少非.课堂评价.华东师范大学出版社,2013；邵朝友.评分规则的理论与技术.浙江大学出版社,2018.

第五章

解读单元课程标准

课程标准是单元教学设计的依据,开展单元教学设计首先需要解读课程标准。解读单元课程标准就是教师把单元所涉及的学科课程标准中的内容标准转化为单元学习目标的历程。但如何将课程标准中的内容标准转化为学习目标,事实上相当复杂,甚至整个解读历程充满"黑箱"色彩。那么,教师解读课程标准时怎样才能不失其基本内涵又能配合教学现场需要呢?本章将围绕这一根本问题展开探讨。

一、课程标准解读的价值与困境

为什么要解读课程标准?我们知道,课程标准负载了我们国家、民族的教育价值观,规定了未来公民应具有的基本素养,它们需要通过课程设计才能转化为教育实践。作为基础教育工作者,理解并落实国家课程标准是教师应尽的义务和责任。

作为一项专业活动,课程标准解读是国家课程校本化实施的前提。课程标准是对学生经过某一学段之后的预期学习结果的描述,而不是对教学内容的具体规定,它统领着课程的实施、管理、评价、督导与指导。[1] 但课程标准不是教师理解的、师生运作的、学生体验的具体课程,[2]它只是一个规划这些课程的指导框架,缺乏实际运作的课程所拥有的课程特征,如课程标准并没有给出达成每条内容标准的具体表现指标。一所学校、一个教师要落实课程标准,那么,势必要结合学情、校情和其他课程资源,将课程标准具体化为学习目标,以指导教学内容和教学活动的设计,为教学评价的开发和

---

[1] 钟启泉,崔允漷.新课程的理念与创新[M].高等教育出版社,2003:67.
[2] 施良方.课程理论——课程的基础、原理与问题[M].教育科学出版社,1996:9.

实施提供依据。作为一项专业技术,课程标准解读是教学质量的基本保障之一。课程标准解读是基于标准的课程与教学设计的一项专业技术,它要求教师基于个人的教育哲学,带着明确的目的,遵循一定的逻辑,选择适合的策略和方法,分析、研究具体情况。掌握课程标准解读的技术,教师才能像专家一样整体地思考希望学生在后续的学习过程中学什么、怎么学、学到什么程度,确保目标、教学、评价的对应一致,在技术层面上保障学习目标的达成。

然而,课程标准作为学习要求的基本规范、课程发展的重要依据等构想,对中小学教师而言,毕竟是一项新创举,实际上教师很难开展课程标准解读,也不能获得有效的理论指导。

在实践层面,课程标准解读存在认识错位。许多教师认为课程标准解读就是把课程标准直接转化为学习目标即可。从常识角度看,课程标准一般只代表共同的底线要求,不同地区不同学校解读课程标准时,势必要考虑到学生和情境的多样化与差异性。如果无视教学现场需要,只能说这样的课程标准解读是一种机械的套用。形成鲜明对比的是,不少教师认为课程标准解读是一种个人的即兴发挥。解读课程标准确实因人而异,具有一定主观性,但如果是任意为之,课程标准内在的意蕴和价值就可能遭到忽略,课程标准的解读结果就很难达成基本共识。在理论层面,相比课程标准解读的实践困境,课程标准解读的研究同样并不乐观,关于课程标准解读的研究严重缺位。一些教师也尝试努力解读课程标准,但某些课程标准指涉抽象概念、规则与价值观,确实不易掌握基本内涵,而教师又缺乏必要的方法解读课程标准。按理说,教师这种需求应得到学界的专业引领,但目前国内学者极少研究课程标准解读,他们不能为教师解读课程标准提供专业指导,也没有为教师提供可参考的技术。因此,要发挥课程标准的作用,走出课程标准解读的困境,亟需为教师提供相应的专业支持。

二、审视课程标准解读的研究现状

当前课程标准解读极少,从能检索到的文献看,共存有四种典型操作方法。下文将呈现它们各自的具体操作,并加以评论。

(一)课程标准解读路径

1. 解压取向路径

安斯沃思(L. Ainsworth)在《解压课程标准:一种使标准运作的简要程序》一书中①提出了一种内容标准分解的框架。该框架包括如下四个环节,下文以一个例子做具体阐述。

环节一:选择需要分解的内容标准。为尽量保持原意,以及避免翻译时带来的词性变化,下面仅呈现所选择的内容标准原文。

Grade2 Mathematics Standard: Number Computation 〔2年级:计算〕

Standard: Students **USE** numerical and computational concepts and procedures in a variety of situations. 〔内容标准〕

Indicator: Number Sense-The student **DEMONSTRATES** number sense for three-digit whole numbers and simple fractions in a variety of situation. 〔指标1〕

Indicator: Number Systems and Their Properties-The student **DEMONSTRAES** and understanding of simple fractions (fourths, thirds, halves) and three-digit whole numbers with a special emphasis on place value, and **RECOGNIZES**, **APPLIES**, and **EXPLAINS** their properties. 〔指标2〕

Indicator: Estimation-The student **APPLIES** numerical estimation with whole numbers up to 999, simple fractions, and money. 〔指标3〕

环节二:确定内容标准中出现的名词与动词。就上述内容标准,确定出动词与名词(上文已分别用粗体、下划线表示)。

---

① Ainsworth, L. "Unwrapping" the Standards: A Simple Process to Make Standards Manageable [M]. Englewood: Lead+Learn Press, 2003: 2-20.

环节三：创设结构化图表。环节二的名词和动词描述出学生应该知道的概念和技能，它们被分成两部分来写："应知"与"所能"。"应知"代表学生必须知道的概念，"所能"代表学生必须运用概念操作，即前者代表陈述性知识，后者代表程序性知识。具体内容如下：

表 5.1　结构化图表

概念/concepts：需要知道（know）有关数的计算（Number Computation）
数感（Number Sense）
- 三位数的整数（three-digit whole numbers）
- 简单的分数（simple fractions）
  数字系统及性质（Number Systems and Their Properties）
- 简单分数（simple fractions）[（1/4、1/3、1/2）（fourths，thirds，halves）]
- 三位数的整数（3-digit whole numbers）
- 位值（place value）
- 性质（properties）

技能/skills：能做什么（be able to do）
- 使用（数字/计算的概念和程序）[USE（Numerical/computational concepts and procedures）]
- 展现（数感、简单分数、三位数整数）[Demonstrate（number sense, simple fractions, 3-digit hole numbers）]
- 认识（数字体系性质）[Recognize（number system properties）]
- 应用（1—999 的估算、分数、钱币、数字体系性质）[Apply（estimation with whole numbers to 999, fractions, money, number system properties）]
- 解释（数字系统性质）[Explain（number system properties）]

主题或背景：
- 在多种问题解决情境下操作（Variety of problem-solving situations using Manipulative）

环节四：确定主题或背景。依据上述分解的内容，选择合适的主题或教学策略开展教学。

安斯沃思框架的优点是能很好地区分出两类知识，即陈述性知识与程序性知识，而且全面地展现了两类知识的要求。这样操作的基础是，原来的内容标准已经比较具体，如上述所展示的，内容标准本身不仅已具备总要求（Standard：Students **USE** numerical and computational concepts and procedures in a variety of situations），而且这种总要求已被分解为 3 项指标（Indicators）。

2. 拆解取向路径

国内关于课程标准的具体化操作较早由朱伟强提出,非常适合于我国一些不够具体的学科课程标准条目。[①]

具体化课程标准的基本策略有三种:替代、拆解、组合。三种策略中,拆解策略最为根本,下文集中探讨它的运行过程。

下面我们选取《普通高中生物课程标准》中的一条内容标准"说明细胞的分化"[②]来说明课程标准分解的具体步骤。

环节一:寻找关键词。从一条课程标准中找出行为动词和这些动词所指向的核心概念(名词),将之作为关键词,并予以分类。如"说明细胞的分化"这一条标准的动词为"**说明**",动词所指向的核心概念是"(细胞的)**分化**",它们都是这一标准的关键词。

环节二:扩展或剖析关键词。将上述关键词予以扩展或剖析,如"说明细胞的分化"之"**分化**"可剖析为"分化的含义""分化的特点""分化的意义""分化程度与分化能力的关系"等。相应地,"**说明**"可剖析为"解释""推断""扩展""理解"等。

环节三:形成剖析图。将上述从关键词中分解出来的概念根据某种逻辑绘制成剖析图(图4.2),以便于清晰地对应具体的学生。针对课程标准的关键词予以展开、扩展之后,由于行为动词和名词被剖析为多种可能,必然会出现多种动词与名词的组合,如上例就可能出现 $C_4^1 \times C_4^1$ 共16种组合。如何确定最终的组合有赖于教师对课程标准的把握、学情分析以及教师自身的教学经验与专业判断。此步骤宜注意的事项如下:(1)选取重点组合应评析不同领域目标在同一学习阶段的横向衔接,分析同一领域目标在不同学习阶段的纵向连贯;(2)重点组合必须符合学生身心发展阶段,且应为大多数学生能完成的;(3)不同教师因其学生、学校与个人经验或特质的差异,选取的重点组合应有所不同;(4)相同教师面对不同学生、不同时期,因

---

① 崔允漷.有效教学[M].上海:华东师范大学出版社,2009:111—114.本部分材料为朱伟强、崔允漷、邵朝友、吴江林等人的讨论结果,其主要设想和模型最早由朱伟强提出。
② 中华人民共和国教育部.普通高中生物课程标准[M].北京:人民教育出版社,2004:13.

学生学习状况与需求的变化,也会出现不同的重点组合。

重点组合可作为拟定学习目标、确定评价任务与设计学习活动的主要依据。如,我们可以将"说明细胞的分化"最终确定的4种重点组合整理成如下剖析图。

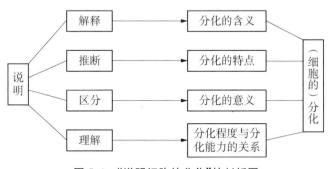

图5.1 "说明细胞的分化"的剖析图

环节四:叙写学习目标。课程标准分解成剖析图后,确定了重点组合,教师就可以开始着手叙写学习目标了。虽然剖析图基本确定了某条课程标准的行为动词和名词,但学习目标的叙写还要明确行为主体、行为条件、表现程度,在这五个因素中,行为动词与目标名词是最基本构成单元。上述课程标准分解后,可叙写成如下学习目标:学生能自己组织语言解释细胞分化的含义;学生在教师的提醒下能推断分化的特点;学生在新的情境中能扩展分化的意义;学生能在具体的情境中理解分化程度与分化能力的关系。

3. 诠释取向路径

第三种策略由陈新转提出,他主张具体化能力指标/课程标准的本质是种诠释过程,其诠释解读法主要操作程序为"理解"→"解释"→"应用"三个步骤。[①] 解读的过程则纳入"呈现""检证""沟通"的机制,以避免曲解课程标准的意义或遗漏课程标准的重要内涵。

环节一:理解→呈现课程标准。解读课程标准的第一步骤必须先确定

[①] 李坤崇.课程标准解读、转化理念及用之综合活动学习领域实例[M].台北:心理出版社,2004:70—120.

是否能理解课程标准的意思,而能以自己的语言说明所理解的意思,则表明解读该条课程标准是可行的,若不能以自己的言辞表述课程标准的含义,则不宜解读该条课程标准。这种理解是初步诠释,可从三个方面来判断初步诠释结果是否与课程标准的含义相符:(1)语义相似。诠释结果与原文所指有着相似的内容;(2)逻辑相同。诠释结果符合原文描述的逻辑关系;(3)范畴相符。课程标准诠释结果涉及的内容范围不少于课程标准原涉及的内容范围。在此环节需要呈现课程标准,诠释者对其有各自的初步观点和看法,然后进行对话,形成建立在语义、逻辑、范畴三方面省察基础上的共识。

环节二:解释→处理主要概念性知识。根据前面的探讨,揭示出该课程标准的主要概念性知识,并进行必要的概念分析,使课程标准原本陌生、遥远、模糊的含义的概念性知识显现出来。具体解读时,宜注意如下要点:(1)揭示课程标准的概念性知识,如对于课程标准"面对争议性问题时,能从多元的观点与他人进行理性辩论,并为自己的选择与判断提出好理由",可直接得到多元观点与理性辩证两项主要概念;(2)明晰课程标准未直接标示的概念。由诠释者就课程标准加注某种概念,使其意思更加清晰。如课程标准"举例说明某些经济行为的后果不仅影响行为人本身,还会影响大众,因此政府进行管理或干预"并未指出具体概念知识,就有必要加以说明,前段所述涉及"外部效果"与"社会成本"概念,后段则指政府介入管理与管理的"经济调控措施"且扮演"经济调控角色";(3)概念分析。将前两种方法所得的基本概念进行概念内涵分析,使抽象概念或逻辑更加清晰,便于更好地理解。例如"多元的观点"包括:正面与反面、赞成与反对、不同角度与立场的观点。

环节三:应用→教材与教学活动示例。根据前两个步骤的解读结果,选择适当的教材与教学活动,这是从课程标准出发的主动意向,不同于决定教材与教学活动之后再寻找相应课程标准的思维。至于如何选用教材、设计教学活动,协助学生习得主要概念性知识,进而达成课程标准,陈新转认为这属于教师的专业自主范围,因此对教材与教学活动没有继续展开论述。

4. 整合取向路径

该方法①综合了上述方法,主要由三个环节构成。

环节一:呈现课程标准,理解其基本内涵。在该环节,教师可先呈现课程标准,以便明确诠释对象。如对于小学数学主题"图形与几何"下的"圆的周长",其具体要求为:通过操作,了解圆的周长与直径的比为定值,掌握圆的周长公式。②

呈现课程标准后,教师可初步对此加以理解。如对于上例课程标准,在知识与技能、过程与方法上,较容易得到其基本内涵,而在情感态度与价值观上,教师需要结合该条课程标准所在主题("图形与几何")、年级或学段总体的情感态度与价值观的要求,确定其相应要求。而初步得到的解读结果还需经语义、逻辑的分析,以确定其与课程标准内涵是相符的。如此一来,可获得如下基本内涵:(1)知识与技能:了解圆的周长与直径的比为定值,掌握圆的周长公式;(2)过程与方法:它的本质是学生习得知识与技能、情感态度与价值观的手段;(3)情感态度与价值观:渗透于上述两个过程之中,可视为"感受数学知识内在美"。

环节二:揭示、拓展课程标准基本内涵,明晰解读依据所在。确定课程标准基本内涵后,需要进一步具体化其内涵。下面以知识与技能"了解圆的周长与直径的比为定值,掌握圆的周长公式"为例加以重点阐述。

第一步,寻找关键词,揭示其基本含义。如上例的动词为"**了解、掌握**",动词所指向的核心概念是"**定值、周长公式**",它们都是这一标准的关键词。它们各自的含义可揭示为如下结果:"**了解**"可剖析为"感知""举例说明",对应的"**定值**"可剖析为"圆的周长与直径大小有关""圆的周长与直径大小的定量关系";"**掌握**"可剖析为"描述""区别",对应的"**周长公式**"可剖析为"圆周长公式的特点""圆周长公式与相关图形周长的联系"。从构成因素看,

---

① 邵朝友.促进学习的课堂评价:理论与实践[M].上海:上海交通大学出版社,2015:56—58.
② 中华人民共和国教育部.义务教育小学数学课程标准[M].北京:北京师范大学出版社,2011:39.

"了解圆的周长与直径的比为定值"是"掌握圆的周长公式"的基础。

第二步,扩展关键词,形成剖析图。将上述关键词按认知深度与内容广度进行剖析,如**"掌握"**的揭示结果扩展至**"使用"**,而对应的**"周长公式"**的揭示结果可延伸至**"圆的周长公式解决问题"**。扩展关键词后,将上述从关键词中分解出来的概念根据某种逻辑绘制成剖析图,以便清晰地对应具体的学生。由于行为动词和名词被剖析为多种可能,必然会出现多种动词与名词的组合。教师应依据教学经验与专业素养,将所展开的概念聚焦到最适合学生学习、最能满足学生需求、并能适合自己教学的重要概念上,然后,再将这些概念按某种逻辑进行重点组合,如我们可以将上述例子最终确定的重点组合形成如下剖析图:

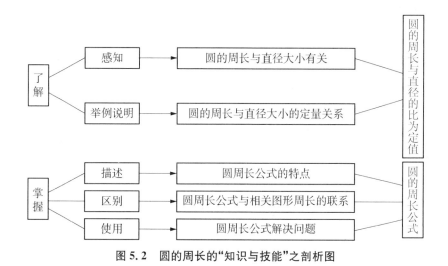

图 5.2　圆的周长的"知识与技能"之剖析图

第三步,叙写学习目标。基于上述剖析图可将之转化为学习目标,如上述课程标准经过解读后,可叙写成如下学习目标:感知圆的周长与直径关系的规律;举例说明圆的周长与直径大小的定量关系;描述圆的周长公式的特点;区别圆的周长公式与相关图形的公式;使用圆的周长公式解决问题。

在具体化该课程标准的过程中,教师需要利用多重依据。除了基于自身教学经验外,教师还需要参考其他依据,如课程标准在整体学科体系脉络下的纵横向联系;教材、外部考试说明等资料;教学现场需要与限制。参考、利用这些依据实质就是教师不断与文本对话,调整或修正自己的前见,也是不断对课程标准开展整体—部分的诠释循环。

环节三：不断反思前述环节,通过对话形成解读方案。具体化课程标准并非一蹴而就,而是不断修正与完善的历程,需要教师具备较高的专业能力。因此极有必要建立沟通机制以避免解读出现严重偏差。如对于上述剖析图与解读结果,参与者认为原来的"使用圆的周长公式解决问题"对于五年级小学生要求过高,宜降低它的要求,这样通过对话修订为以下内容：

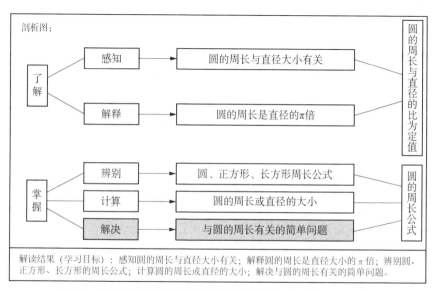

图5.3 "圆的周长"的知识与技能的剖析图与解读结果(修订版)

（二）对已有课程标准解读路径的评论

客观地说,这些路径实施步骤简洁明了,有较好的操作性,能为不同专业水平和专业特色的教师提供选择。四种课程标准解读各具特色,相比之下,解压取向路径更多的是把课程标准中的名词和动词找出,然后对应地确定学科概念和认知水平,解读过程并不需要解读者做很多的个人发挥;拆解取向路径可视为在解压路径的基础上,对寻找出名词和动词做进一步拆解,此时解读者有着更多的主动性;诠释取向路径则少了一些分解色彩,但需要解读者发挥个人主观能动性,对文本做更具个人色彩的诠释;整合取向路径综合了前三种路径,不仅寻找、分解课程标准中的动词和名词,还在整个过程渗透与突出诠释者因素,最终还在集体层面进行合作与反思。不难看出,分解取向路径与拆解取向路径在一定程度上假设课程标准客观地具有某种本意,更接近于诠释过程尽量保持与课程标准本意一致。诠释取向路径更多的是从课程标准涉及的各种因素出发,诠释者的自身因素显得非常重要,课程标准解读过程就是诠释者与课程标准文本的"视域融合"。而整合取向路径综合了它们的做法,平衡了诠释者和课程标准在诠释过程的作用,同时还加入了批判因素。

本书认为,课程标准具有学科立场,含有学科内容与要求等基本含义,否则很可能把语文解读成历史。同时,课程标准也具有一定弹性,允许在保持基本含义的基础上进行适当的扩充,否则全国解读出的结果都一样,导致对所有学生提出千篇一律的要求。这本身就不合理,同时也不现实。因此,本书认为整合取向较为合理,也符合实际,能体现不同地区不同学校的教育诉求。但我们也必须看到,这四种路径主要是针对课程标准本身,较少考虑课程标准解读是站在什么层面进行的,没有明确指出是站在课时还是单元层面、学期层面。如果是站在单元层面,这些解读结果并没有体现单元设计发展所体现出的关于目标的要求,尤其是确定出大观念及其学习要求。就此,还需做深入探讨。

三、重建课程标准解读:单元取向

上文表明,四种解读方法为教师解读课程标准提供了技术指导,但没有考虑站在单元层面来思考。下文将从单元层面提出一种新的课程标准解读方法。

(一)课程标准解读为何需要单元设计视角

之所以从单元设计视角来解读课程标准,至少基于三大理由。一是单元为课程标准解读提供了一个整体背景,有助于更好地显现课程标准的意义;二是单元乃是教学设计的基本单位,课程标准解读实质是提供教学目标,从单元教学设计角度看自然需要从单元层面来考虑课程标准解读;三是单元层面来解读课程标准,自然需要带出单元设计所需的大观念及其学习要求,这使得教师从更多视野看待课程标准解读,更能整体地把握单元教学。

(二)单元设计视角下如何开展课程标准解读

在单元设计关照下,课程标准解读可遵循如下整体框架:行动准备—寻找关键词—解读关键词—撰写知能目标—确定大观念的学习要求。[①] 相关具体内涵如下:

环节一:行动准备。对课程标准的解读实质上是一个创造的过程,这一过程的实现基于教师自身的知识储备,在对课程标准进行详细分析前需进行一系列的行动准备,包括(1)学情分析,对学生学习现状进行必要的把握,了解学生学习的特点、学习方法、习惯等,必要的时候可以先对学生进行前测,了解学生的学习情况;(2)教材分析,对教材编排意图、教学内容等进行充分的了解,便于选取相应的标准;(3)理解课程标准的含义,可以用自己的语言说明它,则为具体的检验指标,否则,则不宜进行该条课程标准之解读,鉴于理解结果并非统一,应透过某种公开的方式,让教师团队共同参与课程标准的讨论,以便从语义、逻辑关系及指涉的范畴三方面检视诠释内容的正确性并建立共识。[②]

环节二:寻找关键词。从所选课程标准中圈出描述学生应做到的有关技能的动词,划出描述动作所指的学生应该知道的知识与概念的名词及起修饰作用的形容词、副词等。

(Explain) events, procedures, ideas, or concepts in a [historical,

---

[①] 邵朝友,韩文杰,胡晓敏.形成性评价共同体行动——指向学科核心素养[M].上海:华东师范大学出版社,2022:62—63.为便于读者理解,做了一些细节调整,省略了"主要问题"。

[②] 李坤崇.课程标准解读、转化理念及用之综合活动学习领域实例[M].台北:心理出版社,2004:70—120.

scientific, or technical text], including <u>what happened and why</u>, based on specific information in the text.

环节三：解读关键词。对上述关键词进行解读，对于一些复杂的关键词特别是动词，要揭示其基本内涵，分析其隐含的内容，并对其进行扩展，可以将其分解为更有针对性的动词以匹配特定的名词（相关解读结果见表5.2的第一、二、三列与行）。

环节四：撰写知能目标。通过上述结构表，学习目标可基本确定。至于对其进行目标分类，可以用修订后的布鲁姆(B. Bloom)教育目标分类法、韦伯(M. Weber)的知识深度理论或者马扎诺(R. J. Marzano)的教育目标分类法表示。撰写的知能目标为表5.2的第二、三行，以"情境＋所能＋应知"的组合来描述，如"在历史、科学或技术文本中，解释事件、过程、思想或概念中的特定信息"。

环节五：确定大观念及其学习要求。在地位上，大观念居于学科的中心位置，集中体现学科课程特质的思想或看法；在功能上，有助于设计连续聚焦一致的课程，有助于发生学习迁移；在性质上，大观念具有概括性、永恒性、普遍性、抽象性。① 从认知要求来看，大观念可以是理解或创造性地应用等，大观念的学习要求可作为单元总目标，环节四解读出的目标可作为单元分目标。至于如何确定单元总目标和分目标，限于篇幅此处不详细展开，本书第八章将进行详细论述。至于如何确定大观念，本章后续将展开探讨。在本案例中，大观念及其学习要求呈现于表5.2的第四行。

环节六：反思并形成最终解读结果。至此，课程标准解读者一起回顾反思整个行动过程，并综合考虑单元学情分析、单元教材分析，最终形成如表5.2所示的结果。其中大观念的学习要求代表了单元总目标，相关应知所能代表单元分目标。从实际运作看，这个过程主要以课程标准解读为主，单元学情分析和单元教材分析可作为调整最终结果的重要参考。

---

① 邵朝友,崔允漷.指向核心素养的教学方案设计：大观念的视角[J].全球教育展望,2017(6)：11—19.

表 5.2　单元取向的课程标准解读结构表及例示

所能 (skills)	应知 (knowledge)	情境 (context)	目标分类 (布卢姆目标分类)
解释 (Explain)	事件、过程、思想或概念中的信息(what happened based on specific information in an events, procedures, ideas, or concept)	包含在历史、科学或技术文本中的(contained in historic, scientific, or technical text)	记忆 (Remember)
解释 (Explain)	为什么会发生某些事情(基于事件、过程、思想或概念中的特定信息)(why something happened based on specific information in an events, procedures, ideas, or concept)	包含在历史、科学或技术文本中的(contained in historic, scientific, or technical text)	理解 (Understand)
大观念及其学习要求	关键信息的寻找与沟通策略;使用策略识别文本中的关键信息,并有效地与他人进行沟通		

四、突破单元取向的课程标准解读难点:寻找大观念

上文显示,大观念是课程标准解读的重点与难点,那么如何寻找大观念? 这大致可从两大方面入手。一种方式是直接从课程标准解读中获得大观念,另一种方式是从教学过程获得大观念,后者可视为对前者的重要补充,因此也一并加以论述。

（一）从课程标准解读获得大观念

威金斯与麦克泰格曾为寻找大观念提供了如下六种策略:①

第一种策略是采取追问的方式。如可以如此追问:本单元需要学习哪些知识? 这些知识中需要掌握哪些重要内容? 这些内容中核心任务和大观念是什么?

---

① [美]格兰特·威金斯,杰伊·麦克泰格.追求理解的教学设计(第二版)[M].闫寒冰,宋雪莲,赖平,译.上海:华东师范大学出版社,2017:78—83.

第二种策略是仔细研究课程标准,对那些重要的、明显暗示的内容揭示出大观念。

第三种策略是圈出课程标准中经常出现的大名词和动词来作为大观念和核心任务,这里的核心任务通常体现了大观念的学习要求。

第四种策略是考虑那些可迁移的大观念。如可把这些大词作为大观念:民主、秩序等。

第五种策略是对某个主题或内容标准提出以下一个或多个问题来获得大观念:(1)为什么要研究？研究什么？(2)是什么让……研究普及？(3)什么是……技能或过程所暗示的大观念？(4)研究……的意义是什么？(其中"……"为所要寻找的大观念。)

第六种策略是配对词语来寻找大观念。如和谐与不和谐、结构与功能、国家与人民。可以先写下"结构"然后通过思考写下"功能",即找到了大观念"功能"。

(二)从教学过程获得大观念

如果在课程标准解读过程不能找到大观念,有时也可以从教学过程来寻找大观念。在这方面,胡晓敏及其团队在数学学科教学过程,总结出四种实用而便捷的策略:①

第一种策略是寻找任务的核心。大观念集中体现学科的结构和本质。理解和运用大概念,能够让教师和学生沿着清晰、明确的线索进行教学和学习。也就是说,单元内容或系列知识学习的核心任务②可能就是这个单元的大观念。

例如,"图形的运动"是小学数学学习中重要的内容,主要有轴对称图形、平移、旋转三项内容,分别编排在二、四、五年级。那么,这部分内容的大

---

① 胡晓敏.单元大概念的提取策略[J].小学月刊(小学版),2020(12):30—32.
② 注:这里的教学核心任务是从教学角度出发,没有考虑课程标准和评价设计。这样的核心任务和第十章的单元核心学习任务是不同的,后者是分析课程标准后研制而得,整合了教学活动与评价活动。当然,如果考虑了课程标准,核心教学任务的指向自然和单元核心学习任务的指向是一样的,都指向大观念。

观念又是什么呢？平移是沿相同方向移动了相同距离；旋转是沿相同的轨迹移动相同的角度；轴对称图形体现的是翻转运动，也是沿相同的轨迹移动相同的角度。

这三种运动变换的特征是运动前和运动后的图形是全等的，这样的图形运动也叫图形的刚体运动，即全等变换。因此，"图形的运动"研究的共同或核心任务就是发现"在变换过程中不变的性质"，这既是几何学的核心，也是探究自然和社会发展规律的一个基本任务。所以，可把这个核心任务作为大观念，即围绕"在变化过程中，存在着不变的要素和变化的规律"进行"图形的运动"的单元设计。

第二种策略是追溯知识的本原。知识产生都有一定的背景，数学也有自然产生、发展的过程。因此，回归数学知识的本原，也是提取单元大观念的一种重要方法。

例如，小数是特殊的分数，但又独立于分数，它的本原在于计量的需要。在具体的计量过程中，小数依照整数的规则自然产生，小数数位的创设是按分一作十的规则，以个位的计数单位为基础，高位与低位之间是十倍关系，低位与高位之间是十分之一关系，小数的数位由高到低无限扩充。因此，对四年级上册"小数的初步认识"单元，可把上述小数发生的本原作为这个单元的教学核心，帮助学生建立一种大观念，即"小数源于计量的需要，是十进位值制计数向相反方向的延伸"。

第三种策略是发现共同的结构。长度、质量、面积、体积等计量单位表示物体的不同特性，相邻单位之间的进率各不相同，好像彼此之间没有关联。但是，如果用阶梯进行形象表示，就可以发现每个阶梯内部都有一个共同的结构，相邻单位间的进率都是相同的，即等比递进结构（见图5.4）。这样可获得大观念："相邻单位间的进率都是一致的。"

第四种策略是提炼相应的素养。数学学科核心素养是数学课程目标的集中体现，是具有数学基本特征的思维品质、关键能力及情感、态度、价值观的综合体现，是在数学学习和应用过程中逐步形成和发展的，可以从中进行选择和提炼大观念。

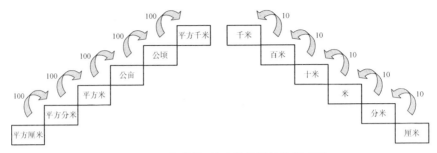

图 5.4　面积单位、长度单位的结构关系图

例如,五年级上册"可能性"单元中,通过抽签、摸棋、投硬币、掷骰子等游戏活动或生活现实,逐渐引导学生从定性分析到定量分析,学会用分数描述事件发生的概率。从数学学科核心素养的视角出发,可以将来自它的"用数据定量分析、表达现实问题更有说服力"作为大观念。

五、单元取向的课程标准解读还需要做什么

课程标准解读是一项高度专业化活动,需要教师具备较高专业知能。为便于教师更好地开展课程标准解读,特提供如下建议:

第一,充分认识到课程标准解读的重要性。在某种程度上,课程标准是教师教学的"圣经",因为它规定课程教学的目标,是教师开展课程教学的重大依据所在。这种认识有助于教师自觉而深入地开展课程标准解读。

第二,以合作方式开展课程标准解读。课程标准解读是个复杂过程。涉及理解、解释、应用、反思、沟通等复杂的过程,需要教师具备真诚沟通、相互理解、接受多元意义的观念与态度。客观上来看,当前我国教师还缺乏这方面的专业知能,可以用备课组或教研组加以弥补。

第三,从整体考虑单元教学目标。单元教学设计往往涉及若干条内容标准,在解读过程中需要教师从整体高度来统整单元教学目标。具体地说,需要教师看到这些课程标准所含的大观念,把大观念的学习要求作为单元总目标,进而解读出更为具体的单元分目标。

第四,学校加大课程标准解读力度。提升教师的课程标准解读能力需要教师自身的努力,也需要中小学学校的支持。学校应把课程标准解读作为校本教研的一个重要主题,为教师提供研习创造条件。

第五,学界加大专业引领作用。对于教师来说,课程标准解读是项较为困难的专业行动,他们需要得到简洁实用的"支架",因此,在学术上对于课程标准解读这个有待深入、有待扩展的研究领域,学界需要承担起研究职责,投身教学一线,为教师提供更多专业支持。

第六章

诊断单元学情

学情分析是以学定教、实现教学科学性的基础。奥苏伯尔(D. P. Ausubel)曾说过,如果他不得不将所有的教育心理学原理还原为一句话的话,他将会说,影响学习的最重要因素是学生已经知道了什么,要根据学生的原有知识状况进行教学。① 因此,当通过课程标准解读得到初步单元教学目标后,还需要进一步了解学生与此相关的已有经验。本章将先探讨单元学情分析的内涵、价值与目的,然后以问与答的形式剖析单元学情分析的关键,最后用一个实际案例来论述单元学情诊断的具体做法。

一、单元学情分析:内涵与价值

(一)单元学情分析的内涵

"学情"的概念早在 20 世纪 80 年代初就出现了,而学情分析走进教师日常教学实践则是近年的事情。学情分析有着不同界定,关键在于人们对于"学情"的理解存有差异。概括之,大致有两种说法:一种观点认为,学情乃"学生情况"的缩写,主要是指学生的知识基础、学习方法、心理状态、理解能力、学习兴趣等,②学情研究的目的是为了解决学生会学的问题;另一种观点则认为,学情乃"学生学习情况"的缩写,主要指教学活动必须以学习者所具备的条件为依据,提供与学习者已有条件相符合的支持系统,教学过程的任何特征都应该由促使学生有效学习的那些要求来决定。③

两种不同学情观导致不同的单元学情分析的内涵。在第一种解读方式中,单元学情分析包括学生成长、发展的方方面面,如身体、心理、智力、情感态

---

① 张春兴.教育心理学[M].杭州:浙江教育出版社,1998:219.
② 赵振旗.应加强对学情的研究[J].山东教育科研,1988(4):30.
③ 邵燕楠,黄燕宁.学情分析:教学研究的重要生长点[J].中国教育学刊,2013(2):60—63.

度等。而在第二种解读方式中,教师只关注与学习单元知识和技能相关的学生情况,而忽略与此关系不大、不太相关的学生情况。第一种解读方式比第二种解读方式囊括的内容更广。两种解读方式都具有合理性:第一种解读方式更适合学期学情分析和班主任工作的学情分析,而第二种解读方式则更适合科任教师对课时学情、单元学情的分析。[①] 本书主要关注第二种学情分析。

(二)单元学情分析的价值

单元学情分析实质指出了教学设计不仅要关心教学规律,还要从学生学习起点入手。这对于我国课程教学具有多方面的意义。

单元学情分析确立了学习在单元教学中的应有地位。教学不仅是教师的教,还有学生的学,没有学,教就会失去意义。而单元学情则是学习中的重要内容。单元学情分析的提出使得教学关注学习起点,学生地位得到应有的彰显,单元教学设计联结了学生起点,为落实教学重点、突破教学难点提供可能,从而使得单元教学更为有效。

单元学情分析促进教师专业发展。开展单元教学设计,势必要先开展单元学情分析。而单元学情分析意味着教师要考察所欲落实的单元教学目标或内容,研究与之相关的学生的已有经验,并为之设计适宜的教学过程。所有这些都要求教师开展深入而具体的研究,可以说单元学情分析过程就是专业成长过程。

单元学情分析弥补我国传统教学之不足。长期以来,我国教学非常注重教师的作用,较少关注学生的作用。在许多课堂教学中,教师非常关注自身教学的艺术和表演,非常注重教法,却忘记了教离不开学,课堂里更需要关注学生怎么写、原来具有什么学习起点和条件。单元学情分析的提出能有力地破除当前我国过分关注教的现象,尤其是填鸭式的教学现象。

二、单元学情分析的关键:问与答

明晰了单元学情分析的基本内涵和意义后,那么单元学情分析该怎

[①] 邵燕楠,黄燕宁.学情分析:教学研究的重要生长点[J].中国教育学刊,2013(2):60—63.

做?本节将以问与答形式论述单元学情分析的若干关键所在。

1. 单元学情分析的目的何在?

答:学情是非常重要的学习资源,单元学情分析目的之一是教师了解学生的单元学习起点。单元学情分析目的之二,是通过学习起点探索学生学习路径,或者说,是如何设计学习进程以便联结新知识与学生已有旧经验。单元学情分析目的之三,是预见教学难点。当综合考虑学生的学习起点和已有经验、教学目标或内容,教师将更容易发现学生学习的困难所在,即发现教学难点。单元学情分析目的之四,是发现学生的潜能,获悉学生个体差异性。

2. 单元学情分析要分析什么?

答:一是分析与单元内容/目标相关的学生已有的知识基础和可能生活经验,这里的知识基础是指与新授知识直接相关的"已知"。二是分析与单元内容/目标关联的思维方式,例如在新授课为运动力学的应用时,那么极有必要先了解学生运用牛顿定律解决问题的思路。有经验的教师都知道,对于一些知识或题目,学生往往具有多种理解和多种解题方法,这其实就是存在不同思路的表现。三是分析单元学习难点,在上述两个分析基础上,教师分析单元授课中学习难点所在,进而为突破教学难点提供有益信息。

3. 什么时候进行单元学情分析?

答:从时间上看,诊断学情贯穿于整个课堂教学过程,可以针对所有学生,也可以针对个体学生。但无论如何,解释学生学习表现都必须分析学生个体,而且与具体课堂教学密不可分。因此,单元学情分析包括单元教学前评价、单元教学中评价、单元教学后评价,贯穿于教学设计、教学实施、教学改进,形成一个周而复始的动态过程。[①]

在单元教学前,诊断学生学习起点是必要工作。诊断内容包括学生原

[①] 杨向东,黄小瑞.教育改革时代的学业测量与评价[M].上海:华东师范大学出版社,2013:139.引用时有做一定修改。

有知识基础、学习难点、学习方式、兴趣偏好等,它们是进行单元教学设计的重要参考。这里可着重针对单元核心概念/知识/难点,对学生进行考查。教师可依据教学经验,或者通过课程标准初步解读结果或者单元教材分析获得这些内容。

在单元教学中,需要结合当堂评价任务解释学生反应。该阶段的解释行为往往通过课堂提问、现场观察等方式进行,解释学生学习表现大多基于现场即时需要,并据此调整教学。

在单元教学后,主要工作是判断学生是否完成单元学习目标。和单元教学前阶段一样,在该阶段教师有更充分的时间解释学习表现,并为后续教与学调整提供依据。

单元教学前、单元教学中与单元教学后的学情分析构成了学情分析的整体,本书主要关注于课前学情分析,有关单元教学中与单元教学后的学情分析不作为研究议题。

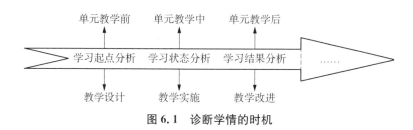

图 6.1 诊断学情的时机

4. 单元学情分析可应用哪些调查方法?

答:单元学情分析的工具众多,如观察法、访谈法、问卷调查法、测验法等。但对于不同的学科、不同的教学内容,不同方法具有不同的优点和不足。例如,观察法和访谈法相对能更为细致地得到学情,但更耗时耗精力,而问卷调查法、测验法能更便捷地获得学情,但所得信息更多为统计意义上信息,缺乏个性化信息。因此,可根据教学设计需要,选择合适方法,设计适当的调查内容和项目。

5. 单元学情分析如何发现核心学习内容上的情况?

答:不同学生在特定学习内容上有着不同理解和思考方式,一些单元重要学习内容需要了解学生的学习情况。例如,解题思路是某数学单元重要学习内容,通常学生对同一道题目表现出解题思路的差异。此时,教师必须认真观察、总结归纳不同的解题思路。例如对于教师设计的前测题:春节前,小贝想用自己编的中国结把家里装扮得更漂亮,于是她开始动手做中国结。请你帮小贝算一算:如果用 2/3 米做一个中国结,2 米长的绳子可以做多少个中国结?通过研究,教师归纳出学生对于此题有五种典型做法,其中一种解法及教师的分析如表 6.1 所示。这五种解题思路非常具有代表性,是非常重要的教学资源,教师需要对之加以充分利用,从而让学生掌握该学习目标。如果考虑到教师工作量的问题,单元学情分析可以重点地考察几个核心概念或知识进行。这既抓住了单元核心,又为教师节省了时间和精力。否则教师很难长期坚持做单元学情分析。

表6.1　学生在应用分数除法解决问题上的思路[①]

学生的做法及想法	解题思路
解决这问题就是要看 2 米中有几个 2/3 米。学生想到利用分数的意义,从 2 米中找 2/3 米。于是学生先将 2 米平均分为 2 个单位1——1 米。再把单位 1 平均分成 3 个 1/3 米,最后从 2 米中找到 3 个 2/3 米。	先根据除法意义把问题聚焦在求 2 米中有几个 2/3 米。再利用分数的意义,从 2 米中找 2/3 米。

6. 是不是每个知识点都要进行学情分析?

答:教师不必在每个单元对所有知识点都做学情分析,完全可以借鉴以往资源,或者借助已有教学经验。有时候可以对教学关键之处进行学情分析,例如对于那些重要学科概念一定要做学情分析,或者对于那些上下内

---

① 张春莉,吴正宪.读懂中小学生数学学习学情分析[M].北京:北京师范大学出版社,2015:67.

容与思维方式发生较大变化的知识需要做学情分析。有时候,完全可以让不同层次的学生完成少数简要的调查项目,实现对某个章节或单元的学情分析。

7. 单元学情分析是不是要调查每个学生?

答:在当前我国大班教育背景下,很难做到个性化教育,更多的是从整体情况入手。学情分析应该简洁便利,成为教师的有益工具,而不是负担,否则教师很难长期坚持单元学情分析。因此从实际情况看,教师可采用调查或访谈部分学生进行单元学情分析。当然这些学生可以来自不同学业成就层面,从而使得他们的学情具有一定的代表性。

三、单元学情分析的行动:学生知道乘法吗

此次单元学情分析的对象为即将学习"多位数乘一位数"单元的三年级学生,教师团队以合作的方式开展该行动。

(一)初步进行单元学情分析

教师团队根据已有教学经验,对学生有关"多位数乘一位数"的先验知识和可能存在的学习困难进行了如下初步分析:

学生已熟练掌握了表内乘法,并学会了口算100以内加、减法。学生在表内乘法的基础上,继续学习用一位数乘整十、整百数比较容易接受,但重点不是整十、整百的两位数乘一位数,而是多位数乘一位数。学生容易忘记进位,或忘记加进位的数,因此,应从学生的具体情况出发,有针对性地进行教学,侧重于引导学生探究算理和算法。同时在活动中,让学生体会到乘法计算并不是孤立存在的,而是蕴含在许多现实情境中的问题,从而使学生体会数学知识与现实生活的密切联系。

而后,结合教材分析与课程标准分析,将此单元需要落实的数学核心素养确定为"数学运算",并确定了此单元的大观念、主要问题及目标。

1. 大观念

乘法是加法的简便运算;笔算就是记录计算过程。

2. 主要问题

你是怎样算的？每一步计算出来的结果表示什么？

3. 单元总目标

(1) 结合具体情境和具体问题,借助旧知有效迁移,理解算理,掌握算法。

(2) 会正确计算多位数乘一位数,解决相关的实际问题。

4. 单元分目标

(1) 能够比较熟练地口算整十、整百、整千数乘一位数,两位数乘一位数(不进位)。

(2) 经历多位数乘一位数的计算过程,明白竖式中每一步计算的含义,掌握多位数乘一位数的计算方法。

(3) 能够结合具体情境,选取恰当的策略进行乘法估算,并说明估算的思路。

(4) 能够运用所学知识解决日常生活中的简单问题,提高解决问题的能力。

（二）利用前测进行精准学情调查

为了更为真实地了解学生有关"多位数乘一位数"的前期学习基础,据此验证和调整之前确定的单元学习目标,以及在单元教学结束时准确把握学生的学习掌握和进步情况,教师通过前测进行了更为精准的学情调查。

1. 确定前测试题

为落实本单元的学习目标,教师主要考查学生是否具有与之直接相关的简单乘法口算、估算以及问题解决,并通过让学生展现解题思路明晰他们对于多位数乘一位数的算理、算法掌握情况,因此制定了如下前测试题:

1. 下面的四个式子你会算吗?

　　$30 \times 3 =$　　　　$143 \times 2 =$　　　　$28 \times 9 \approx$　　　　$302 \times 5 \approx$

2. 一套《数学故事》有12本,4套这样的书共有几本?

(你是怎么算的,可以把你的计算方法在下页空白处写清楚或者画

出来)

该前测试题中的第一题包含两道乘法口算与两道乘法估算,"30×3="考察整十数乘一位数的口算,"143×2"考察学生三位数乘一位数的简单乘法口算,"28×9≈"和"302×5≈"则是需要分别往大估和往小估的简单乘法估算,用于检查学生对于两、三位数(中间有0)乘一位数乘法的计算以及乘法可以用加法计算这一算法的理解,同时检查学生从加法估算到乘法估算的知识迁移。第二道题则着重考查学生两位数乘一位数(不进位)乘法的计算,查明学生与乘法笔算相关的先验知识,通过设置问题情境,让学生列出乘法算式并计算,同时写明计算过程,清晰呈现学生对于多位数乘一位数笔算乘法算理、算法的知识基础。

2. 制定前测评分指南

基于上述前测试题,教师团队制定了相应的评分指南,以更好地收集学生的前测数据,便于后续的数据分析。

前测评分指南针对第一题,设置了4级评分规则,分别从完成度和正确率两个维度进行评分,每一项5分,共40分。第二题则设置了3个等级,每一等级对应相应评分标准,它主要围绕计算和答题思路、答题规范等方面展开,每一等级赋值20分,共60分。

表6.2 前测第一题评分指南

评价项目	评分规则				得分
	1	2	3	4	
完成度 (20分)	答题完成度25%	答题完成度50%	答题完成度75%	答题完成度100%	___×5= ___分
正确率 (20分)	答题正确率25%	答题正确率50%	答题正确率75%	答题正确率100%	___×5= ___分

表6.3 前测第二题评分指南

等级	等级描述
1	通过画图展示思路，但计算错误，无法解决问题。
2	能正确列出乘法算式并正确计算，可以解决问题，但没有展示出计算思路。
3	能正确列出乘法算式并正确计算，通过画图或竖式分析清晰展示计算思路，正确解决问题。
得分	___×20=___分

3. 进行前测及前测分析

教师团队利用课前10分钟组织学生进行前测，三年级6个班共171人参加。前测完成后，教师共同批改试卷并在办公室召开会议，进行试卷分析。经数据统计与解释，此次前测总体情况为：

绝大多数学生可以口算简单的多位数乘一位数（不进位）乘法，而对于多位数乘一位数的估算，则基础欠佳，容易把估算当成计算；三分之一的学生对于笔算乘法有一定的了解，但对于算理、算法仍不够明晰；大部分学生可以利用简单的乘法计算解决实际问题。

由于学生有一定的乘法基础和良好的做题习惯，此次前测均无空题，教师统计发现：

如表6.4所示，在第一题中，对于整十数乘一位数，所有学生可以正确计算，而对于三位数乘一位数（不进位），96.49%的学生可以正确计算，出现错误的学生中有1位未掌握方法，计算结果为432，有1位则是百位忘乘，计算结果为186。对于估算题,学生前期知识基础不够扎实,"28×9≈"一题正确率为45.61%,计算错误的同学中有6人的计算结果为28×9≈252,54人的计算结果为250,"302×5≈"一题的正确率为57.89%,计算错误的学生中大部分计算为1510,由这个结果可以看出这些学生虽未估算,但会计算简单的中间有0的三位数乘一位数的乘法。因此,估算时,学生会把估算当成计算或者先算后估,甚至有学生未能将加法估算迁移到乘法估算,不懂估算方法。

如表6.5所示,在第二题中,49.12%的学生达到等级3,可以用加法、口算或用竖式计算出正确结果,并通过画图清晰展示思路,对于乘法算理和算法有一定程度的掌握;36.84%的学生达到等级2,30人用竖式正确计算,但没有画图或正确列式,33人直接写出计算结果,这些同学对算理、算法是否掌握有待明晰;14.03%的学生达到等级1,此类学生不能正确计算,未掌握相关知识点。

表6.4 前测第一题详细分析

题目	正确人数	正确率	典型错例	错例分析
30×3	171人	100%		
143×2	165人	96.49%	143×2=432 143×2=186	一个是没有方法,不会乘;一个是百位忘乘。
28×9≈	78人	45.61%	28×9≈252(6人) 28×9≈250(54人)	① 把估算当成计算 ② 先算后估 ③ 无从下手
302×5≈	99人	57.89%	302×5≈1510	① 把估算当成计算 ② 无从下手

表6.5 前测第二题详细分析

问卷答题类型		人数	所占比率	典型样例	分析
通过画图展示思路,但计算错误,无法解决问题。	不能正确计算	24人	14.04%	见图6.2(1)	未掌握相关知识点

续表

问卷答题类型		人数	所占比率	典型样例	分析
能正确列出乘法算式并正确计算,可以解决问题,但没有展示出计算思路。	正确列式,直接写出计算结果	33人	19.30%	见图6.2(2)	能正确计算,但说不出算理
	用竖式并正确计算,但不能画图	30人	17.54%	见图6.2(3)	能用竖式解决问题,看不清思路,掌握算法,算理是否明晰待研究
能正确列出乘法算式并正确计算,通过画图或竖式分析清晰展示计算思路,正确解决问题。	用加法来计算乘法	36人	21.05%	见图6.2(4)	会用加法来解决乘法问题,知道乘法是加法的简便算法
	有图表示,直接口算正确	24人	14.04%	见图6.2(5)	能正确计算,并能画出图示
	能画图表示,并能用竖式正确计算	24人	14.04%	见图6.2(6)	思路清晰,能规范、正确地解决问题

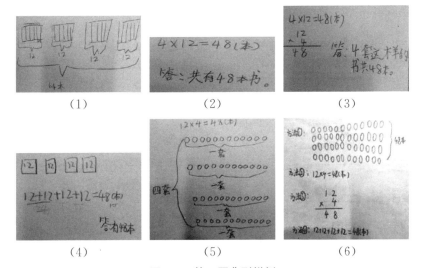

图6.2 第二题典型样例

基于以上详细的单元学情分析,教师团队更加明晰了学生有关"多位数乘一位数"的先验知识与经验掌握情况,也进一步发现了学生后续单元学习中需要加强的地方和教师单元教学中需要更为关注的方面。除了凭借教师团队教学经验确定的关注笔算进位,注重学生对多位数乘一位数算理、算法的理解之外,从学生对于第二题的回答中还可以得到更多信息,即在未来课堂教学中教师需要注重口算方法与小棒图及竖式之间的勾联,需要让学生明晰多位数乘一位数竖式计算中每一步所代表的含义。同时,还需提高学生的乘法估算能力,引导学生选择合适的估算策略正确解决实际问题。

第七章

分析单元教材

长期以来,教材①在教师心目中占据着突出位置,教材分析成为教师备课过程极其重要的日常专业行动。随着课程标准的出台,教材的地位似乎有所下降,课程标准分析或解读呼声日益高涨,但深入教师日常专业生活可以发现,教材分析还是深受教师重视。许多教学方案设计依然把教材分析作为重中之重。本章将目光聚焦于单元层面教材分析的内涵、教材分析的分析对象、教材分析的实际运作,尝试作出一些解释与回应。

一、单元教材分析的内涵

（一）单元教材分析：是什么

单元教材分析指向于更好地落实单元教学目标。教材是学科内容的体现,其编排很大程度上体现学科知识逻辑。单元教材分析首先是为了使之服务于单元教学目标的落实,那种不带目的的单元教材分析是无效的。

单元教材分析以课程标准为指导。同一学科通常有不同出版社推荐的教科书,即所谓的一纲多本。这里的"纲"主要指课程标准,"本"主要指不同教科书,通过课程标准解读可获得单元教学目标,通过比较不同版本教材可选择所需教材。

单元教材分析结合了课程标准。既然单元教材分析目的指向单元教学目标,而单元教学目标来自课程标准解读,那么单元教材分析时就需要考虑,如何在操作层面让单元教材分析的结果配合单元教学目标的落实,即通常所谓的"用教材"。

单元教材分析关联单元学情诊断。单元教材分析直接与单元教学设

---

① 注：教材"一词"有着不同的界定,本书所指的教材限定于教科书。

计关联,直接为单元教学与评价活动提供参考,而这些活动势必要考虑学情。因此,在单元教材分析过程中教师要"心怀学生"。从这个意义上来说,单元教材分析与单元学情诊断息息相关,自然也与单元课程标准解读息息相关。

单元教材分析包含对单元教材整体安排的思考。一节课或一个单元,甚至一个学期的教材分析,需要把它们置于更大的背景下来考量。对于一个单元来说,自然需要考量单元与单元之间的关系,或者说需要把单元置于整个学期来思考。

(二)单元教材分析:不是什么

单元教材分析不是寻找单元教学目标的规定。单元教学目标的依据在于单元课程标准,单元教材更多的是体现学科内容与逻辑的编排,其编写依据在于单元课程标准。或许教师可分析出编写者的意图,但这不是确定单元教学目标的直接依据。

单元教材分析不是为了"教教材"。一直以来,教材在教师心目中享有无比崇高的地位,很多教师把教材视为不可冒犯的范本,亦步亦趋地跟着教材的内容安排开展教学。在这种情况下,教学缺乏了创造力,设想全国都统一如此做法,教学艺术就不复存在了,单元学情等实际情况也不能得到应有的尊重。尽管"用教材"不容易,但是"教教材"不可取。

单元教材分析不是"就事论事"。单元教学设计综合了诸多方面因素,单元教材只是其中一个因素。单元教材分析如果仅仅考虑单元教材,没有考虑其他教学资源的话,单元教材分析得到的各种活动设计很可能不能得到资源保障。例如,没有考虑单元学情,单元教学活动可能脱离学生实际;没有考虑现场仪器,单元教学活动可能将无法得到实现。

二、单元教材分析要分析什么

单元层面的教材分析是一个系统工程,它与第五、六两章的课程标准解读、学情诊断密不可分,在大观念的关照下其分析内容可如图7.1所示:

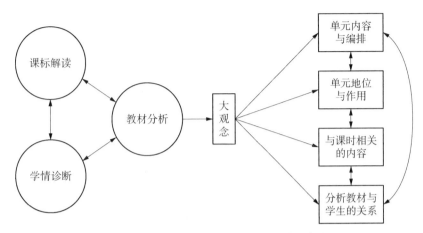

图 7.1 以大观念为中心的单元教材分析框架

在该图中,单元层面的课标解读、学情诊断、教材分析构成了一个整体。一种常见分析次序是先进行课标解读与学情诊断,然后进行教材分析。在这种程序中,单元教材分析可以依据之前单元课标解读结果来明确课程标准对于本单元的规定,即深入解读课程标准,找到相对应单元课程标准内容,进而解读出它是对于本单元教学要求的规定。在这当中,需要找到单元的大观念,并制定出单元大观念的学习要求,进而结合单元学情分析明确达成大观念学习要求所需的知识技能。进入单元教材分析阶段则可以在大观念统整下做四个主要方面的分析,它们之间相互影响,构成一个整体关系。这四个方面包括:

分析单元内容与编排,即阅读教材的目录及相应内容,明晰本单元到底包含了哪些学科内容和知识点。这是分析单元教材的一个基本起点工作,只有熟悉了单元教材内容,教师才有可能进行更深入的教材分析。同时,分析单元教材的编排特点。即了解教材不同章节内容或课文之间的关系、相关课中练习和课后练习如何与主题或大观念关联。对于一些语言类单元教材,还可以分析课文中的语言材料,探讨它们与单元主题或大观念的关系。完成这些分析后,尽量画出单元知识结构图。这将会帮助教师整体把握单元教材的知识结构。

分析单元在整个学期中的地位与作用,即要求教师对整本教材进行分析,明确学期总体教学内容、不同内容之间的逻辑关系。通常说来,教师需要明确单元与单元之间的关系。如此一来,教师将总体把握该单元在整个学期中所处位置与所起功能。这其实是分析单元的纵、横向关系。有时候,很可能需要打破学期的边界,从整个学段来分析单元的纵向联系。具体分析实可以大观念为抓手进行,例如思考本单元的大观念有着怎样的学科价值、在整个学年中它到底起着怎样的作用。如果不好正面分析,可以换个角度思考:如果没有大观念,这个单元会怎么样?是不是缺乏核心内容,成为知识的堆积?

分析课时相关的内容。在大观念关照下,教师还需要思考以下几点:单元教材中每节课的重难点;教学目标;核心学习活动与评价活动;学科思想或方法的渗透;每个课时目标之间的关系;每个课时核心学习活动与评价之间的关系。如果条件允许,或者单元内容较少,教师甚至还可以对一些练习进行分析与改编,把它们变得更加情境化,贴近学生生活。

分析单元教材与学生的关系,即把学情与教材的关系联系起来,思考对于单元教材,学生已经具备了什么知识基础、学生对于教材可能的反应,尤其是指出阅读与理解的困难、如何处理这些内容以便更好地促进学生学习。例如,对于课文中的例题学生是不是具备了必要的知识基础,对于书中的一些信息学生是不是具备了相关生活经验。

从一般意义上来讲,如果教材编写得比较合理,能以课程标准为参照,那么从单元教材所解读出的重要思想或方法,基本就是从课程标准解读出的大观念,它们是单元教学目标的重要选择;如果教材是素养导向的,那么教材的材料会以情境化活动来落实课程标准规定的素养;如果教材追求学习的意义与价值,那么教材中的材料会尽量保持生活化,或者在教师的处理下贴近本班学生实际生活经历。如果教材重视学习历程,那么教材内容安排势必要尊重学习发展规律,否则就需要教师进行重新安排课时内容。

最后特别需要指出的是,单元评价方面的分析并没有直接出现在上图中,但这并不表示没有评价方面的分析。实际上,对单元教材中练习或习题的分析就涉及评价分析。此外,一些教学活动中可能也涉及评价分析,如有关提问的设计、包含让学生进行评价的学习活动。

三、开展单元教材分析的行动

本部分节选了两个案例,分别是来自浙江省平阳县中心小学柳圆圆老师的单元教材分析作品,以及浙江省杭州市杭二中白马湖学校徐美勤老师的单元教材分析作品。两个案例对应的教材皆为2020年教育部组织编写的义务教育教科书(简称统编教材,人民教育出版社2020年版)。

(一)小学语文五年级下册第二单元的教材分析

该内容来自统编教材小学语文五年级下册第二单元。在简要分析课程标准和开展学情诊断后,该案例先从语文教材描述的单元语文要素入手,这两个语文要素可视为本单元的大观念的学习要求。作者先对其做了必要的解读,然后主要对单元包含的四篇文章进行了文本分析。

1. 单元要素解读及内容

本单元共编排了四篇课文,两篇精读课文:《草船借箭》《景阳冈》,两篇略读课文:《猴王出世》《红楼春趣》。《草船借箭》讲述的是诸葛亮巧施妙计向曹操借箭的故事;《景阳冈》记叙的是武松打虎的故事;《猴王出世》主要写了一块仙石孕育出的石猴发现水帘洞,被群猴拜为猴王的故事;《红楼春趣》讲述了宝玉等人在大观园里放风筝的故事。细读文本,我们发现四篇课文选入教材呈现的方式不同。《草船借箭》根据《三国演义》原文改编,文本以通俗易懂的现代白话文形式呈现,学生阅读没有难度。而另外三篇分别节选自《水浒传》《西游记》和《红楼梦》,其语言表达形式基本忠于古白话文。其中的陌生化词句给学生带来了阅读障碍,再加上古典名著小说篇幅长,故事曲折,人物关系复杂,更增加了学生阅读理解的难度。由此,本单元提出了"初步学会阅读古典名著的方法"这一语文要素,对应的大观念为"名著阅读方法",旨在引导学生走进中国古典名著,初步习得一些阅读方法以激发学生阅读名著的兴趣。此外,本单元还编排了口语交际——"怎么表演课本剧"、快乐读书吧——"读古典名著,品百味人生"、习作——"学习写读后感",从中可据实际需要提出大观念"读后感的习作",对应的语文要素为"撰写读后感"。各部分内容之间联系紧密,共同指向两个语文要素"初步学会阅读古典名著的方法"和"撰写读后感"。

2. 四篇文章分析的方法

(1) 多种读法,连滚带爬,读懂句子

本单元每篇文章的课后思考题、泡泡语以及交流平台等都在提示我们:读古典名著要不求甚解,可以根据阅读经验,而猜读、选读、想读、跳读等都是初步阅读古典名著的好办法。

联系上下文猜测读。"联系上下文理解难懂的词语""联系上下文理解难懂的句子"这些要求对于学生来说并不陌生,是二三年级对学生提出的语文要素。由此,在阅读古典名著时遇到不懂或者难理解的词语,教师可以引导学生根据自身阅读经验,联系上下文猜读。如《猴王出世》的"盖自开辟以来,每受天真地秀,日精月华,感之既久,遂有通灵之意"这句话中"天真地秀""通灵之意"这些词语都很陌生。但是这句话上文是介绍这块仙石的样子和它所处的特殊环境,下文是介绍"石卵"化成石猴。由此联系上下文可以大致猜测这句话表达的意思是:石猴吸收日月精华,十分有灵性。

想象画面猜测读。在阅读文本时,教师要引导学生根据描写去想象画面,从整体上感知句子意思,不必拘泥于一字一句细读。如《猴王出世》中写道:"跳过桥头,一个个抢盆夺碗,占灶争床,搬过来,移过去,正是猴性顽劣,再无一个宁时,只搬得力倦神疲方止。"读到这句时,你眼前仿佛出现怎样的画面?学生很容易联想到这样的画面:猴子们各个上蹿下跳,翻来滚去,到处在抢东西。通过联想,说明学生已经明白了句子的大致意思。

理解关键词语猜测读。这种方法在《景阳冈》一文中比较常用。"武松入到里面坐下,把梢棒倚了。""我是清河县人氏,这条景阳冈上也走过了一二十遭,几时见说有大虫!"两句话中"梢棒""大虫"等关键词,我们可以根据词语本身结构,可以根据自身经验换词猜一猜等方法猜测重点词,理解句子意思。

抓重点信息选择读。在名著阅读过程中,教师要引导学生学会跳读,根据文本的主题和内容有选择性地读。比如文本中哪些内容与主题有关的要读,与主题无关可以省略读。如《红楼春梦》中第2、3自然段,内容很简单,主要是写大伙儿拿风筝,作者却花了很多笔墨进行描绘。其中"搬高墩""捆剪子股儿"等词语对学生来说很陌生。教学时,教师要引导学生抓重点信息选择读,只需要理解重点内容,对于不理解的词语可以忽略。

(2)立足文本,导图梳理,读懂故事

读故事,读懂故事内容是第一要义。四大古典名著都是长篇章回体小说,故事选入教材,虽已有删改,但篇幅还是很长。这给学生理解内容、梳理文本带来了困难。为此我们可以利用多样的导图,帮助学生搭建学习支架,梳理文本,把握文章主要内容。

如《草船借箭》一课,故事内容清楚,按照起因、经过、结果的顺序交代草船借箭一事。这种"船"为造型的故事结构图,不仅帮助学生梳理内容,也能帮助学生清楚感知课文结构。《景阳冈》一文以主人公"武松"为主线,《红楼春梦》则以"风筝"为线索推动故事发展。这类文本重在通过简单的情节图,引导学生关注人物事件,梳理故事情节。图7.2分两部分帮助梳理了行文内容。

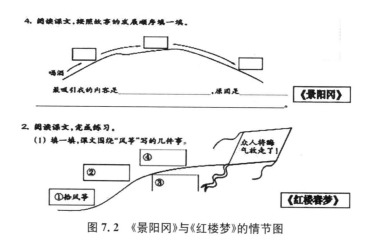

图7.2 《景阳冈》与《红楼梦》的情节图

结合文本特点,设计各种样式的思维导图可以帮助学生将思维可视化,也为学生课后继续阅读古典名著提供了方法和有效的学习支架。

(3)多种方法,丰满认识,读懂人物

古典名著中人物纷呈,个性鲜明多样,品读精彩人物是阅读古典名著的一项重要内容。因此教师在教学本单元时,要引导学生用多种方法读懂人物。

辩证法,立体读人物。所谓"有一千个读者就有一千个哈姆雷特",故事中一些容易让读者产生不同看法的人物形象,教学时教师要引导学生展开议论,发表对人物的不同见解,从而多角度、辩证地读人物。如在《景阳冈》中,武松喝酒,上岗打虎的场面令人印象深刻,但是对于武松有不同的评价。课后练习题中,编者也提出:"对于文中的武松,人们有不同的评价。你有什么看法?说说你的理由。"教学时教师要引导学生展开辩论,形成对武松的立体认识。"勇敢自信的、好面子的、倔强固执的、鲁莽的……"只要言之有据,教师都要予以肯定。这样的讨论,激发阅读兴趣,更让学生明白要辩证全面地看待人物。

表格法,对比读人物。对于古典名著中的人物,很多学生之前通过小人书、影视作品等都有初步的认识。为此认识古典名著中的人物,教师可以设计表格,引导学生进行读前和读后的对比。如在《草船借箭》一课中,读了故事,学生认识了一位神机妙算的诸葛亮——"知天文、懂地理、识人心"。或纠正之前阅读的偏差,或是补充对人物的认识,人物的形象在学生脑海中再一次构建。此外,教师还要引导学生走进其他故事,走进整本书,通过继续阅读更加全面地认识人物。

5. 选择课文中感兴趣的人物,仿照示例填一填。

人物	读课文前,我对他的了解	读课文后,我有了进一步的了解	课后,我又了解了其他有关他的故事
诸葛亮	足智多谋	不仅足智多谋,还顾全大局	七擒孟获

图7.3 利用表格法理解诸葛亮

链读法，补充读人物。学生在阅读文本素材认识人物的基础上，教师链接相关文字、视频影像资料供学生阅读和观看。通过多样化的链接阅读，可以帮助学生更全面地了解故事背景、相关事件内容，从而更加准确地揣摩人物心理，认识人物形象。

3. 四篇文章的总体比较

一般来说，统编教材中各个课型功能不同，精读课文学方法，略读课文用方法。但这一主题单元中精读课文和略读课文不同，他们对语文要素的落实呈现互补关系。由每课的课后题和略读课文学习提示可知，略读课文也将继续学习阅读名著的方法。同是作为学习的素材，每篇课文在文本表达上既有共性也有其个性，阅读方法的习得贯穿在每一课，在每一课又有具体的落实。

（二）小学语文四年级下册第五单元的教材分析

在学校开展基于大观念教学研究的近两年时间里，徐美勤老师积极探索大观念视角下的单元教学设计。现以统编教材四年级下册第五单元为例，阐述她的思考过程。

1. 确定大观念及主要问题

本单元安排了五部分内容："精读课文""交流平台""初试身手""习作例文"及"习作"，每项内容的安排目的都指向学生习作能力的培养。精读课文的主要功能是从阅读中学习习作方法；"交流平台"是结合对精读课文的分析，梳理总结从课文中学到的习作方法；"初试身手"是让学生尝试运用学到的习作方法进行表达练习；习作例文提供范例，其功能是继续体会写法；单元习作是引导学生运用学到的习作方法进行实践。本单元通过学写游记，继续培养学生描写景物的能力，同时学习按一定顺序写景物的方法，引导学生观察自然，留心身边的美。

本单元在篇章页上出示了两个"语文要素"，分别是"了解课文按一定顺序写景物的方法""学习按游览的顺序写景物"。前一个指向阅读教学，指明了学生在学习本单元的几篇课文时，需要重点了解课文按一定顺序写景物的方法；后一个指向习作表达，指出本单元的习作是学习按游览顺序来写景物。学生在三年级和四年级上学期已经初步学习了通过观察描写一处景物、推荐一个好地方，而按照游览的顺序写景物则是第一次接触。它强调有顺序地写多个景物，难点是需要学生按照一定的顺序介绍多处景物，并抓住有特点的景物作为重点。

大观念是个相对概念，某个大观念相对于更高位的概念而言，就成了小概念。对于小学生而言，将大观念提炼得过于抽象并不有助于他们的理解。语文学科的大观念提炼有其特有的学科特殊性。语文学科每个单元都会提出明确的语文要素，语文要素有大观念的影子，但并不等同于大观念。大观念是个观念/概念，虽然可以是一个词、一个短语、一个句子，但均是陈述一个观念或者主题等。而两个语文要素都采用了动宾结构，更像是给学生提出的学习要求。细细分析两个语文要素，"了解课文按一定顺序写景物的方法"是为达成第二个语文要素"学习按游览的顺序写景物"服务的，强调了"按游览顺序写景物"。但要写好景物，仅仅"按游览顺序写"是不够的，还要"把特别吸引自己的景物作为重点来写"。这在教师用书、课后习题、"交流平台"中都有提及。基于以上分析，为了便于学生理解并迁移，本着紧扣语文要素，对照课程标准解读教材内容，把握基本学情的原则，将本单元的大观念提炼为"写景物要有顺序、抓特点"。为了能让大观念在课堂上落地，对应着大观念中的两个关键词："有顺序""抓特点"，形成了两个主要问题："如何按什么顺序写景物？"和"如何抓住重点景物的主要特点来写好景物？"这两个主要问题将贯穿本单元的教学始终，引领着学生逐步明晰、理解并形成大观念。

2. 梳理教材体现大观念的内容

本单元的四篇课文分别是《海上日出》《记金华的双龙洞》《颐和园》《七月的天山》，其中后面三篇可以归为一类，都是按照游览顺序，借助了交代地点转换的词句，采用"移步换景"的方式来写，更贴合于本单元的习作实践。《海上日出》则是按照日出时太阳的颜色、光亮、位置的变化这个顺序，描绘了"太阳在海面下""露出小半边脸""跳出海面""发出光芒"四个画面。课文这些特征凸显了单元大观念中的第一个关键词——有顺序。

后面三篇课文所游览的地方分别是双龙洞、颐和园和天山，都是范围比较大的一个景,在游览的路上肯定会看到诸多景物,选择哪个或哪些景物作为重点?选中的景物又该如何写好呢?这就涉及大观念中第二个关键词——抓特点。教材又给了很好的示范:《海上日出》课后习题2:"读句子,注意加点的部分,想想这样写有什么好处",带来的启示是可以从不同维度写出事物的变化特点。《记金华的双龙洞》课后习题2:"读由外洞进内洞的部分,体会作者是怎样把孔隙的狭小和自己的感受写清楚的",给人的启示就是要抓住最有特点的景物来写,何为"特点"?稀罕的、让你有独特感受等就是"特点"的特征。《颐和园》的第三个"批注":"抬头一看""向下望",观察不同位置的景物时,视角也有变化,它就给了我们写好景物"特点"的新路径:从不同视角观察景物往往会获得全新的观感,怪不得习作《游_____》中就有这样一个泡泡:"上个周末,我去了我家附近的公园。这一次,我选择了一条与往常不同的游览路线。"这里也是提示学生,即便是熟悉的景物,换一种新的角度,换一个不一样的时间,换一种不一样的心情去游览,可能就会有不一样的发现与感受。《七月的天山》第2自然段写的是刚进入天山的所见所闻,在描写具体的景物时,作者从"高耸的巨大的雪峰"写到"峭壁断崖上飞泻下来的雪水",再写到"山脚下汇成冲激的溪流"。我们发现作者在同一处景物的内部也是按照从高到低的顺序,有层次、有条理描写的。第4自然段在描写"走进天山深处"后的所见所闻时,作者又是先写了整体的"山色"和"山形",接着写了"缓慢的溪流",最后重点将视角聚焦到了"溪边的野花"。所描写的景物呈现了先整体,后局部,有聚焦;可以说是由大到小再到细。《颐和园》的第四个批注是:"湖面静得像一面镜子,游船在湖面慢慢滑过,多美的画面!"《七月的天山》第二个批注是:"野花像锦缎、像霞光、像彩虹,真美啊!"这两个批注带来的共同启示就是用上比喻、排比这样的修辞手法,可以更好地展现景物的特点,把景物描写得更优美、更灵动。

"交流平台"是对"大观念"的再次梳理。三个同学的对话,其中第一位同学提到的"写游览过的一个地方,可以按游览顺序来写",就是对应了"写景物要有顺序"这个大观念;第二个同学所提"可以把特别吸引你的景物作为重点来写",就是在凸显大观念"写景物要抓特点"。第三个同学"如果景物发生了变化,可以按照变化的顺序来写",其实是在给学生一起提示:写景物的顺序不仅仅只局限于"游览顺序",还可以是"景物变化的顺序"。

3. 设计基于大观念的教学活动

大观念教学的显著特征之一就是要创设真实情境,使学生易于发生高通路迁移。作为习作单元,笔者创设的总任务情境是:如果你游览了一个好地方,你想用文字记录下来,留作纪念或者推荐给他人,你有什么好方法吗?旨在让学生感受到学习是有意义和价值的,是可以帮助解决真实问题的。

《教师用书》建议本单元安排 8 课时,具体是《海上日出》2 课时,《记金华的双龙洞》2 课时,交流平台、初试身手、习作例文、习作一共 4 课时,基本是按照教材呈现的先后顺序依次教学的。基于大观念的教学设计,对教学内容及顺序进行了重构。最显著的特征就是不再依照教材顺序逐课教学,而是从"单元习作"切入,打破逐课识字的常规,将单元内的生字新词集中解决,扫清阅读障碍;再以教材中体现大观念的内容作为学习重点,依次突破两个关键词:有顺序、抓特点。实施大观念教学之后,学习更加集中高效,至少可以节约一两个课时。节约出的时间可以根据学情依着大观念进行教学内容的拓展,使学生更加全面、深入地理解并形成大观念;还可以创设新情境让学生进行迁移运用,检验学生对大观念的理解情况。(具体的教学活动设计见表 7.1)

表 7.1 基于大观念的教学活动设计

总任务情境:如果你游览了一个好地方,你想用文字记录下来,留作纪念或者推荐给他人,你有什么好方法吗?		
课时安排	课时目标	学习活动
第一课时	1. 整理了解整个单元的学习内容,熟悉课文,达成知能目标 1; 2. 了解本单元的总任务情境,以及预估相应的知识储备。	1. 自主阅读整个单元; 2. 字词等梳理; 3. 了解本单元的总任务情境,调动元认知: 写游览过的一个地方,你有什么好方法? 要把游览路线写清楚,你有什么好方法?

续表

课时安排	课时目标	学习活动
第二课时	1. 知道《记金华的双龙洞》《颐和园》《七月的天山》的游览顺序,并能画出路线图; 2. 认识到适当使用过渡句能使游览的地点转换更自然连贯。	1. 找出《记金华的双龙洞》《颐和园》《七月的天山》的游览顺序,并画出路线图; 2. 练习使用过渡句来转换游览的地点
第三课时	1. 了解《海上日出》介绍景物的方法; 2. 感受作者是怎样把景物写得让人印象深刻的?	1. 作者是按照什么顺序来写海上日出的?太阳在升起的过程中有哪些变化? 2. 讨论交流四篇课文中哪些景物给你留下了深刻的印象,为什么?(抓特点,有顺序)
第四课时	1. 回顾小结,将按照游览顺序写好一处景物的方法加以尝试运用; 2. 画出游览路线图,构思习作并进行交流。	1. 回顾小结,学习"交流平台"; 2. "初试身手",展示交流; 3. 画出游览路线图,构思习作并进行交流。
第五六课时	1. 修改习作思路,独立完成习作; 2. 互改、自改习作。	1. 修改习作思路,独立完成习作; 2. 写完后,与同学交换习作,互相看看游览的顺序、景物的特点是否交待清楚。
第七课时	拓展学习,打开视野,了解更多按一定顺序写景物的方法。	拓展学习《密西西比河风光》《桂林山水甲天下》等写景的文章。
第八课时	完成课堂本等其他单元作业	1. 完成课堂本等其他单元作业; 2. 回顾总结学法,展示学习成果。

在单元整体设计之后,可以结合实际情况,进行自然式、重组式和拓展式等不同形式的课时设计,以满足不同学生的需要,目的是让学生在大观念教学的影响下,逐渐形成大观念的意识,培养专家思维,促成高通路迁移。

第八章

确定单元教学目标

通过课程标准解读、学情诊断、教材分析,就可以较为充分地确定单元教学目标,并进一步探讨怎么教、怎么评等问题。本章将聚焦于单元教学目标的确定,后续章节聚焦于教学与评价设计。确定单元教学目标对于单元教学设计极其关键,清晰的目标才能为单元提供方向和引导。为了便于读者理解单元教学目标的确定,本章开辟了三节内容,分别是单元教学目标的现实表征与反思、围绕大观念撰写单元教学目标,以及在实践层面开展一次确定单元教学目标的尝试。下文按此次序展开论述。

一、从"运算定律"单元教学目标的审视开始

在我国单元教学设计乃是近年提出的,多数教师对此并不熟悉,当前的研究大多还在概念层面探讨,对于单元教学目标的研究更是少之又少,许多研究集中在中小学教师提出的实践探讨中。就笔者所见,有两类目标呈现方式极为典型,它在一定程度上反映了当前我国对撰写单元教学目标的思考。下面以小学数学人教版四年级下册的"运算定律"单元为例做一具体说明。

第一种呈现方式是把单元目标视为课时目标的罗列,可谓"运算定律"单元教学目标较早形态。一些教师由于初步接触单元教学,不知道从何入手写单元教学目标,但由于之前有课时教案,因此会把课程目标摘录汇总,有时候可能会做点稍许合并或处理,把若干条课时目标作为单元教学目标。如:(1)理解并掌握加法交换律和结合律;(2)能用字母表示加法交换律和结合律;(3)经历探索加法交换律和结合律,归纳运算律;(4)运用运算定律进行简单的计算;……(15)运用运算定律进行简便计算。

第二种呈现方式是把单元教学目标用概括性的几个句子来呈现,可谓

先前"运算定律"单元教学目标形态的发展。相比第一种方式，第二种方式的教学目标数量较少，书写的内容较为抽象。如：(1)探索和理解加法交换律和结合律，乘法交换律、结合律和分配律，并能用运算定律进行简便运算；(2)能结合具体情况，灵活选择算法解决实际问题。

应该说，第二种方式反映出教师开始从整体视角来思考单元教学目标，在思维方式上具有了整合观念。一些教师还可能写出3至6条相对具体的单元教学目标，具有一定的操作性。但如果深入分析，这种呈现方式还没有凸显出单元的核心目标，并以此来组织单元教学目标的撰写。这将进一步影响后续的教学与评价设计。

二、围绕大观念撰写单元教学目标

上述问题的实质在于，教师对单元缺乏一个统整性的概念，不能以此来组织单元目标的撰写。在这方面，大观念能承担起相应作用，解决上述问题。

大观念对于单元教学目标具有重大价值。一方面，这是因为大观念为单元教学所需统整性目标提供了可能。大观念是学科核心内容、关键思想与方法，体现了学科的立场与特质。显然，大观念的学习要求代表了高阶复杂的教学目标。这样的目标统整了诸多知识与技能，这恰恰是单元整体教学所指向的统整性目标。另一方面，大观念为落实学科核心素养提供了可对接的目标。在我国当下，面对落实学科核心素养的诉求，单元教学设计需要为之提供匹配的单元教学目标。传统上那种零碎的教学目标已经不能满足这种诉求，而大观念的学习能满足这种诉求。

那么，如何应用大观念撰写单元教学目标？本章认为，其关键在于做好三大方面的行动。一是，明确大观念的学习要求。大观念是种观念，还不是学习目标。从语言词性角度看，大观念主要表现为一个短语或概念，哪怕是一个句子或短语，还缺乏相应的动词，如对于大观念"系统"，其学习要求可以是"记忆系统的定义"或者"理解并应用系统的内涵"。因此，一般说来需要在大观念前增加动词,并以此来表示大观念的学习要求。二是,描述相应达成大观念的学习要求所需的知识与技能。大观念的学习要求通常比较抽象,这从它不是一节课就能落实就能看出。因此在具体教学实施过程中,还需要思考达成大观念的学习要求所需的知识与技能,或者说,在以大观念为中心的单元教学中,学生还将习得哪些知识与技能。这些知识与技能相对具体,能进一步或直接转化为课时目标。如此一来,单元教学目标可用"大观念的学习要求+大观念的学习要求所需的知识与技能"来表示。① 这很好地抓住了单元教学的重心,既有相对抽象的大观念的学习要求,又有相对具体的知识与技能,前者可视为后者的概括,从而使得整个目标体系具有很强的整体性,同时也避免了单元教学目标过于广泛或过于具体的弊端。三是核查单元教学目标。初步撰写好单元教学目标,还需要做核查工作。这包括如下几个方面:(1)大观念的学习要求代表了本章核心要求吗?它具有迁移性吗?(2)大观念的学习要求所需的知识与技能能支撑起大观念的学习要求的落实吗?(3)这些学习目标的书写方式是否规范?(4)这些目标能否被问题化、情境化、生活化?(5)如果可能,可否为各类学习目标配置目标分类?

考虑到目标对于单元教学设计的重要性,因此无论如何,在确定单元教学目标上所花费的时间是值得的。这里的关键是,教师要改变以往注重局部的教学设计思维方式,要从整体视角开展单元教学设计,以大观念来统整单元教学设计。围绕大观念撰写单元教学目标是一项实践的行动,上文只是提供了一种操作方式,还需要更全面更深入的探讨。

三、行动改进:重叙"运算定律"单元教学目标

笔者曾与多所学校合作开发单元教学方案,其中两所学校分别有两位数学老师针对笔者提供的上述案例进行了改进。其中第一位是浙江省杭州市

---

① 这里仅提供一种比较常见的做法,事实上当单元教学内容较少,大观念不是很"大"时,教学目标的撰写完全可以用若干条大观念的学习要求来呈现。

杭二中白马湖学校的罗进老师，他在解读课程标准、诊断学情与教材分析后，先撰写出如下"运算定律"单元教学目标。其中的大观念为"知识模型化"。

表 8.1　"运算定律"单元教学目标改进行动之一

> 大观念的学习要求：探索和理解加法交换律、结合律、乘法交换律、结合律和分配律，并能运用运算定律进行一些简便计算；能够结合具体情况，灵活选择合理的算法，学会用所学知识解决简单的实际问题的能力。
>
> 达成大观念的学习要求所需的知识基础：(1)在学生已有知识经验的基础上，为学生创设情境，使学生在具体的情境中通过新旧知识的沟通、观察、比较、抽象、概括等，探索和理解加法交换律、结合律、乘法交换律、结合律和分配律，掌握它们的结构特征，会用字母表示这些运算定律，并能运用运算定律进行一些简便计算；(2)让学生经历探索运算定律的过程，使学生在发现规律的过程中，发展比较、分析、抽象、概括的能力，增强用符号表达数学的意识；(3)使学生能够结合具体情况，探索分析和解决简单问题的有效方法，了解解决问题方法的多样性，灵活选择合理的算法，培养学生用所学运算定律解决简单的实际问题的能力和数学交流的能力；(4)感受数学与现实生活的联系，培养学生发现、探究的意识；在运用运算定律解决问题的过程中，认识到学习运算定律的价值，初步养成乐于思考、勇于质疑、言必有据等良好品质，获得发现数学规律的愉悦感和成功感，增强学习的兴趣和自信。

通过进一步研究，罗进老师确定出本单元的大观念为"合理地选择算法"，并对其他一些细节，如目标撰写方式等，进行修改与完善，得到如下单元教学目标：

表 8.2　"运算定律"单元教学目标改进行动之二

> 大观念的学习要求：准确进行计算，合理选择算法；理解运算定律与简便计算的联系与区别。
>
> 达成大观念的学习要求所需的知识基础：(1)提炼和概括整数加法、乘法的运算定律；(2)会运用运算定律进行一些简便计算；(3)结合具体情况，灵活选择合理算法。

参考表 8.2 后，浙江省平阳县中心小学四年级数学组则结合自身教学与现场学生等课程资源，提取了大观念"计算需要合理地选择算法"，并写下"运算定律"单元教学目标。相关具体课程标准解读、学情诊断、教材分析请参考第一章。

表 8.3 "运算定律"单元教学目标改进行动之三

大观念的学习要求:学生探索和理解加法交换律、结合律、乘法交换律、结合律和分配律,并能运用运算定律进行一些简便计算;学生能够结合具体情况,灵活选择合理的算法,进行简便计算,提高用所学知识解决简单的实际问题的能力。
达成大观念的学习要求所需的知识基础:(1)理解并掌握加法交换律、结合律等运算定律并能够用字母来表示;(2)充分理解和运用减法的性质 $a-b-c=a-(b+c)$,除法的性质 $a\div b\div c=a\div(b\times c)$;(3)学生应用乘法分配律 $(a+b)c=ac+bc$ 进行简单计算,感受乘法分配律能够使计算简便;(4)在解决实际问题中,结合具体数据、算式的特点,结合算式的意义,合理选择算法,使计算更简便。

如果考虑到学科核心素养,那么单元教学目标中也可以增加所指向的学科核心素养。事实上,表 8.3 中漏写了有关学科核心素养:结合学情分析、课标分析、教材分析,确定了三项学科核心素养,即数感、运算能力和数学建模——三者分别含有对数量关系的理解与分析、根据运算法则进行运算与理解算理、将实际问题中的因素进行简化,抽象变成数学中的参数和变量。一些文本还可能把单元层面的大问题,即主要问题,作为大观念学习要求的问题化表达。[①] 本书的第九章将专门讨论此议题。

由此可见,即便在"运算定律"单元教学目标应用了"大观念的学习要求+达成大观念的学习要求所需的知识与技能",不同的人会得到不同的内容。这取决于教师对单元的认识、现场学生等课程资源。但总体而言,就学科基本特征和内容而言,多数专业合格教师解读出的大观念会相差不大,一些细节上的差异是正常现象。

应用大观念确定单元教学目标不是孤立事件,其实质源于课程标准解读、学情诊断与教材分析。在这些行动中,大观念一直贯穿其中。同样,在后续章节中,大观念也始终贯穿其中。在素养取向的教育中,单元教学实质是学科内统整,而获得统整性目标乃首要之事,大观念及其学习要求恰恰能满足这种要求。这种统整性目标进而为统整性单元的教学与评价提供了依据与方向。

---

① Winggins, G., McTighe, J. Essential Questions: Opening Doors to Student Understanding [M]. Alexandria, VA: ASCD, 2013: 140.

第九章

明确单元主要问题

明确了单元教学目标,还需要设法使之得以落实。这通常可用大任务、大问题来组织单元教学。大任务和大问题都服务于单元教学,都指向单元学习目标,因此这两种方式有着极其紧密的关系,在某种程度上大问题可视为大任务的问题化表达。本章和下一章将分别围绕大问题(即主要问题)、大任务(即核心学习任务)展开论述。在素养教育背景下,往往需要通过探究学习落实单元教学目标。这就涉及了问题驱动的学习。那么如何在单元层面设计主要问题/大问题,并在它们引领下组织单元教学活动?本章将围绕这些核心问题展开探讨,论述主要问题的理解、主要问题的设计与应用、主要问题的限制与超越。

一、理解主要问题

(一)探究学习需要问题设计

学习是教育的中心,如何有效地促进学生学习,是课程教学的关键所在。探究学习乃一种深受广大一线教师青睐的学习理念与方式,这是因为它赋予学生活动自主权、生动有趣的活动形式,能极大地推动学生自我建构,帮助他们在团队合作中习得能力与素养。基于问题解决的学习能让学生感到兴奋,并且感到所受威胁程度最小。因为在此过程中,学生们互相帮助,教师充当学习促进者和合作学习者,评价目的在于推动学习活动,富有意义。相当多的研究报告也支持探究学习,指出它将学生带入真实或模拟的生活情境中,帮助他们掌握未来工作所需的技能,培养他们的各方面能力,如反思能力、运用科技的能力、交流与表达的能力、团队意识,等等,这完全符合21世纪对人才培养的需求。①

探究学习可从不同层面加以设计与实施,单元与课时是最为基本的两个层面。其中单元设计与实施乃课程教学最为基本的单位,事先没有这种整体的把握,课时层面的探究学习价值将会大打折扣。许多研究都认识到学生在课程教学中的地位,把如何引导学生的思考作为重心。总体上,国外相关研究已有丰富经验,但正如下文所示,它们在一些操作实践上还缺乏深入细致的探讨。而我国长期以来关注课时层面的探究学习,较少关注单元层面的探究学习。考虑到单元教学是落实中国学生发展核心素养、学科核心素养的关键,因此探讨在单元层面如何实现探究学习具有重大的理论与现实价值。

(二)主要问题的内涵

按一般理解,探究学习自然需要设计问题,开展单元探究学习需要设计大问题来架构单元教学设计。这样的大问题就是主要问题或关键问题/基本问题(essential questions)。

为便于理解主要问题,不妨先观察比较两个例子:(1)美德意味着什么?(2)这个故事中主人公如何表现出勇敢的美德?相比第二个问题,不难发现,第一个问题更能引导学生深入思考,涉及的范围更广,更具有迁移的可能性。根据上文提示大致可以判断,第一个问题更可能作为主要问题来架构单元设计。由此可以引发出一个课题,即主要问题指向什么?在威金斯与麦克泰格(G. Wiggins & J. McTighe)②、埃里克松(H. L. Erickson)③、安斯沃思(L. Ainsworth)④等看来,在逆向设计中主要问题是为了匹配大观

---

① [美]琼斯,拉斯玛森,莫菲特.问题解决教与学——一种跨学科协作学习的方法[M].范玮,译.北京:中国轻工业出版社,2004:23—24.
② Wiggins, G., McTighe, J. Understanding by Design(expanded 2nd ed) [M]. Association for Supervision & Curriculum Development,2005.
③ [美]埃里克森.概念为本的课程与教学[M].兰英,译.北京:中国轻工业出版社,2003.
④ Ainsworth, L. Common formative assessments 2.0: How Teacher Teams Intentionally Align Standards, Instruction, and Assessment [M]. Thousand Oaks, CA: Corwin Press, 2015.

念(Big Ideas),单元教学设计需要通过1至5个主要问题加以架构,学生将围绕这些主要问题展开探索学习。因此,要理解主要问题先要理解大观念,理解与应用大观念是单元的重要目标。要落实这样的学习目标,需要教师与学生提出并探究主要问题。这些问题确保学习不只是参与活动或课程内容,而是通过这些问题,教师与学生自我审视:这个单元我学习进步了吗?简言之,主要问题指向大观念,意图通过问题探究来促进学生理解与应用大观念。

有了上述基本判断,还需要进一步追问:主要问题到底还具有哪些更具体的内涵与类型? 有研究认为,主要问题中的"主要"(essential)具有四重内涵[①]:(1)超越时代的问题,如"何谓正义?";(2)课程的核心概念和问题,如"什么是健康的饮食?";(3)学习核心课程内容的问题,如"在哪些方面,光的作用就像波?";(4)能吸引一群特定而多元的学习者。一个问题能成为主要问题,需要满足如下基本条件[②]:(1)对大观念和核心内容引起相关的真实探究;(2)启发深度思考、热烈讨论、持续的探究,以及新的理解和更多的问题;(3)要求学生思考其他的选择、权衡证据、支持自己的概念、证明他们的答案;(4)激发对大观念、对假设,以及对以前的课堂学习进行重要的、持续的重新思考;(5)对之前的学习和个人经验激发有意义的联结;(6)自然而然地重视概念——产生将概念迁移到其他情境和学科的机会。

在类型上,由于所指向的大观念学习要求有不同的深度与广度,所以主要问题呈现出不同的表现形式,实践中主要问题可分为概括式问题和主题式问题。前者指向超越细节的、更大的、可迁移的大观念。在建构概括式问题时,往往不会提到特定的主题、事件或具体文本,例如要求学生理解大观念——"伟大文学作品的普遍主题是探究人性,帮助我们从自己的经验中获得洞见",所设置的概括式问题——"科幻小说是伟大的文学作品吗?"就不涉及特定科幻小说。后者则指向具体学科或具体的主题,能建构学习单元,引

[①] [美]格兰特·威金斯,杰伊·麦克泰格.重理解的课程设计(第三版)[M].赖丽珍,译.台北:心理出版社,2011:121—122.
[②] [美]格兰特·威金斯,杰伊·麦克泰格.重理解的课程设计(第三版)[M].赖丽珍,译.台北:心理出版社,2011:7.

导学生探究大观念和特定学科内容。例如要求学生理解大观念——"作者内心的表达手法",可设置主题式问题——"《故都的秋》是怎样体现作者的内心的"。相比之下,前者更具概括性、迁移性,后者更为具体化、主题化,二者都可用于表达大观念的学习要求,在实践中需要平衡地使用它们,有时未必两者皆要。

(三) 主要问题对单元探究学习的价值

正是因为具有上述的指向、内涵与类型,主要问题之于单元设计具有诸多价值[①]:(1)凸显探究素养的培养。问题是学习的敲门砖,主要问题引发学生带着问题解决方式进行思考和探索,而更长远地看,培养学生成为积极探索、富有好奇的探究者是当代教育目标。(2)帮助教师确定重要优先的学习目标。单元教学过程势必涉及诸多学习内容与目标,主要问题直接指向大观念的学习要求——那些学科或课程中重要的学习目标,从而使得教师能在单元教学过程聚焦于这些核心关键的目标,而不是那些琐碎的知识点。(3)帮助学生清晰地了解学习进程。对于学生来说,单元学习是个旅途,需历经众多学习障碍。主要问题能为学生提供一个锚点,为学生理解单元教学整体提供一块块基石。(4)促进元认知的习得。主要问题不止于帮助教师和学生明晰学习目标,还能让他们在应用/解决主要问题过程中,不经意地形成一种思维模式。由于主要问题指向大观念,这些思维模式往往指向课程重要的洞见或思考策略,帮助他们自我反思学习历程。(5)助益不同课程之间的联结。主要问题经常跨越了一门课程边界,为超学科或跨学科课程的形成提供了机会。(6)支持有意义的区分性学习。学生有着不同知识基础与背景,学生之间的学习成绩与能力难免有所差异,主要问题能为所有学生提供同一问题,尽管他们思考的深度和学习速度有所不同。

二、设计与应用主要问题:以学科课程为例

明晰了主要问题及其对单元探究学习的意义后,要实现单元探究学习,

[①] McTighe, J., Wiggins, G. Essential Questions: Opening Doors to Student Understanding [M]. Alexandria Virginia: ASCD, 2013: 17-25.

还需要我们设计与应用主要问题,下文以学科课程为例展开论述。

（一）设计主要问题

设计主要问题首先需要寻找其产生来源,这包括:(1)大观念。大观念是主要问题的指向,如果明晰了大观念,我们可直接把它转化为主要问题。例如大观念——"市场机制是理性的"可提炼出这样的主要问题:"在大多程度上市场机制是理性的"。(2)课程标准。我们可从学科核心素养和学科内容标准两个方面加以挖掘。学科核心素养是学科课程目标,是学科关键的、重要的、必要的素养,实质上是代表学科立场的大观念。以我国高中物理学科为例,科学探究乃其中一条学科核心素养,主要包含问题、证据、解释、交流等要素。① 我们可根据这条学科核心素养研制出这样的概括式问题——"如何有效论证"与主题式问题——"如何反驳力是维持物体运动状体的原因"。前者可贯穿于高中三年物理学习,甚至向下延伸至小学与初中阶段的物理学习,后者可用于某个单元教学。每门学科一般都包含若干条学科内容要求,它们是学科核心素养的具体化,是主要问题的最常见的来源。例如,对于物理学科内容要求"通过实验,验证机械能守恒定律。理解机械能守恒定律,体会守恒观念对认识物理规律的重要性。能用机械能守恒定律分析生产生活中的有关问题",②我们可从中提取出大观念——"机械能守恒定律",设计出单元主要问题"物体动能与重力势能相互转化有何特征"。(3)概括式问题。概括式问题包含的内容跨越具体主题和单元,甚至联结了不同学科,我们可从概括式问题研制主题式问题。例如,可从概括式问题——"谁是真正的朋友",提炼出主题式问题——"这个故事中谁是堂·吉诃德最忠实的朋友"之所以可如此运作,乃因为主要问题也可视为一种大观念,作为大观念的概括式问题自然可以产生主题式问题。(4)前概念。学习新知识前,学生一般拥有相关前概念,它们是学习障碍也是非常宝贵的学习资源。我们可

---

① 中华人民共和国教育部.普通高中物理课程标准(2017年版)[M].北京:人民教育出版社,2017:5.
② 中华人民共和国教育部.普通高中物理课程标准(2017年版)[M].北京:人民教育出版社,2017:15.

从前概念入手,研制出相应的主要问题。例如,在学习主题"力与运动"中,学生往往具有"力是物体运动的原因"这样的认识,我们可以设置主要问题:"如何辩驳力是维持物体运动状态的原因",以利于学生建构新的理解。

寻找到这些主要问题的来源后,还需要把主要问题表达出来。常见的一种方式是通过疑问副词来形成,如对于大观念"正义",可形成主要问题:"什么是正义"。常见的另一种方式是用"疑问副词+大观念+动词+大观念"得到主要问题。例如,某个单元涉及价值观与冲突两个大观念,教学要求定位为运用大观念"价值观引起冲突"解释历史事件,我们可用"影响"来连接它们,形成"价值观影响冲突"句子。然后,可用"为什么""如何""是何"等疑问副词来写出主要问题:为什么价值观会影响冲突,或价值观是如何影响冲突的。

得到主要问题后,有时考虑到实际教学需要,还可能需要把主要问题分解为子问题,以便形成单元层面内含有不同层面的问题群。例如,下述案例节选自杭二中白马湖学校教师沈洁、柯君妹、张安羽研制的单元方案。在该小学英语四年级 6 课时的、单元《A Visit to Shanghai》的例子中,单元教学目标、教学活动、主要问题及其子问题如下图关系,其中单元主要问题 A 与 B 分别包含了子问题 Q1 与 Q2、Q3 与 Q4,每个子问题与单元教学目标及其所需知能的关系、与教学活动的关系非常清晰,它们构成了单元教学过程关键的学习活动,即第十章所提及的单元核心学习任务,只是此处用问题的方式来呈现。

表9.1 单元主要问题的子问题与单元教学目标及其所需知能、教学活动的关系

单元目标
1. 在制定行程前需要对一座城市有个大致的了解,明确同行人的需求;(A:Q1,Q2)
2. 识别属于将来范畴的情境,并会运用正确的语法知识描述将来的计划。(B:Q3,Q4)
3. 略
为达成上述两条目标的落实,学生还需要掌握如下知能:
(1)学生对上海的景点有初步的了解,知道其英文名称,知道大致位置,能用英文描述在相应的景点可以进行的活动。(Q1)

续表

(2) 学生能综合考虑目的地的类型(文化/美食/科技……)、外宾的喜好、地理位置,来合理规划一天的行程和详细的活动。(Q2)
(3) 学生能运用一般将来时来描述一天的活动计划。(Q3)
(4) 学生能用英文表达具体的时间点:quarter past/to..., half past/to... (Q3, Q4)
(5) 学生能用特殊疑问句和一般疑问句问将来的事 What will we...? Will we...? (Q4)
(6) 略

主要问题:	Q1:上海有哪些景点?可以进行什么活动?
A. 如何用英语安排行程?(Q1, Q2)	Q2:安排外宾去景点游玩,需要根据哪些方面来决定目的地?
B. 如何用一般将来时介绍行程?(Q3, Q4)	Q3:如何用英文描述一份计划? Q4:如何用英文讨论将来的事?

学习计划:

课时内容	学习问题
Know more about Shanghai (两课时)	你是上海的少年外交大使,你要安排英国交换生来上海旅游,并列出详细计划,你需要储备的知识: 1. 用英语说说上海有哪些著名景点。(Q1) 2. 用英语说说在上海的这些著名景点中,人们可以做哪些事情?(Q1) 3. 用英语说说如果你有机会去上海,你最想去哪里?为什么?(Q2)
A visit to Shanghai (两课时)	1. 请你用英语设计一份上海3天游玩的计划,并说说你为什么这么设计?(Q3) 2. 你作为上海的少年外交大使要带领英国交换生游览上海,说说你的详细计划。包括时间、地点、行程等,这样设计合理吗?理由是什么?(Q4)
We love Shanghai (两课时)	略

(二) 应用主要问题

与普通问题不同,主要问题的应用侧重于在单元层面激发学生持久的探究,要发挥这样的作用,课堂教学需要遵守新规则、运行实施程序、采用实施技巧。

新规则的目的在于为新的学习文化奠定规范,麦克泰格与威金斯

(J. McTighe & G. Wiggins)提出如下实施规则,颇为全面又有深度:

所有人要认识到主要问题没有唯一的正确答案;赋予每个学生提出观点的权利,最好的观点必须有证据和推理的支持;学生需逐渐理解好思想经得起时间考验;学生要不时地回顾张贴在教室墙上的主要问题;每个学生要学会倾听与参与;课堂是个提倡公平之所,教师不能只让举手的学生回答问题;当观点遭到挑战时,并不意味着不喜欢或无视该观点,而是为了验证观点的力量;学生要用开放的心去思考他人观点,这有助于清晰与加深原来的思考;学生应认识到犯错是学习的一部分,没有犯错就没有进步;学生要经常反思自己的所作所为。①

实施程序则关注主要问题的具体实务,它有别于那种传统教学中对于问题应用的处理。一般说来,传统教学的问题也关注问题的提出、讨论,但往往当学生提供教师认为好的答案后则终止问题探究。主要问题的应用则不止于此,它要求学生围绕主要问题反复深入地探讨,通常在完成某个阶段讨论后,此后还要重新回顾问题、深入探讨问题以获取深刻的洞见。在很大程度上,主要问题需要螺旋式的课程设计。应用主要问题可视为一种规则,规则的应用并无规则可言,如何应用主要问题并无定论,表9.2呈现了一种四阶段的实施程序及其案例。②

表9.2 应用主要问题的实施程序及其案例

实 施 程 序	具 体 案 例
阶段一:介绍一个促进探究的问题 其目的在于,确保主要问题能促进学生思考并与当前教学单元相关。这些问题是可探究的,能通过教材、实验室、研究项目等与生活发生关联	教师抛出一个讨论问题:如何理解科学?该问题可分解为:什么是科学?它与常识和宗教信仰有何相关?又有何区别?

---

① McTighe, J., Wiggins, G. Essential Questions: Opening Doors to Student Understanding [M]. Alexandria Virginia: ASCD, 2013: 44.
② McTighe, J., Wiggins, G. Essential Questions: Opening Doors to Student Understanding [M]. Alexandria Virginia: ASCD, 2013: 45-46.

续表

实施程序	具体案例
阶段二：引发学生反应并加以质疑 其目的在于，应用提问引出广泛可能却又不准确的答案。同时针对学生不同答案进行探讨，或者针对学生答案中的模糊之处加以澄清	学生阅读了三则不同短文或三个片段，它们与主要问题相关联。在文中关于科学是什么、它是如何运作的、现有多少答案存有不同的观点与争议
阶段三：介绍并探索新的视角或观点 其目的在于，为探究提出一个新文本、数据或现象，它们显示新旧答案之间存有矛盾，促使学生寻找不同事物的联系，探索不一致之处	学生被要求操作两项实验，它们的研究方法有所不同，边际误差是明显有异。学生还阅读了科学史上富有争议且错误的观点
阶段四：达成阶段性结论 其目的在于，要求学生推广他们的发现与新观点，并对阶段性结论保持开放，对问题保持探究的态度	要求学生提出自己的发现、新的观点，以及他们关于科学本质的认识疑惑或问题

上述实施程序确实重要，但这对于单元探究学习还需要诸多实施技巧。实践中教师还需要采取其他一些措施，例如可采取如下几种常见的实施技巧：随机叫答学生，确保充分的候答时间；提供合适的问题，包容各种答案；训练学生提出问题的能力，发展学生提问的主动性；采取苏格拉底式教学法，与学生共同深入剖析典型案例；让评价任务与主要问题关联，以便形成教—学—评一体化；把主要问题分解成更具体的探究活动或相关子问题，以便更容易展开探究。这些技巧能"见缝插针"地渗透于单元探究学习过程，推动课程顺利地运行。

三、主要问题的限制与超越

综上所述，主要问题直指大观念，对于单元探究学习意义重大，相关实务操作也相当"接地气"。但必须指出主要问题并不完美，也存有一定限制。

其一，这种限制表现在，主要问题只是架构起单元探究教学。主要问题固然能为整个单元教学过程提供大的方向，但它未曾为单元课时教学提供探究问题。实际上,主要问题主要应用在逆向设计,从相关权威文献来看,在逆向设计的三个阶段中(即学习目标的确定、评价活动设计、学习活动设计),主要问题被定位于学习目标,它与探究学习联系最为紧密的学习活动设计的关系也不过只有七条原则性的建议[①],而且这些建议并不能直接付诸实践课程教学,具体操作时还需要教师做出决策与行动。其二,这种限制表现在,主要问题的应用被局限于班级层面,较少涉及学校层面。这反映在所涉及的课程形态上——主要问题基本聚焦于学科课程,缺乏对跨越空间与边界的跨学科或超学科的探讨。其三,这种限制表现在,主要问题需要螺旋式课程的支持。这是因为主要问题,尤其是概括式问题指向大观念,它们注重对学生的迁移能力的培养,需要跨越不同年级与学科内容,内在地需要螺旋式课程。而众所周知的是,当前课程体系提供的还不是螺旋式课程,不能奢望教师通过校本化处理来建构螺旋式课程。

上述这三方面的限制可采取如下措施加以突破。第一,为单元配置1—3个主要问题,把每个主要问题与教学活动部分设计紧密连接起来。一种简洁办法是在应用主要问题的程序中,尤其当主要问题数量较少,而所包含的内容较多时,应设法把主要问题分解成若干子问题,使得这些子问题与各个课时活动联结,进而形成一个探究活动的问题链/群。如此一来,除了有大的主要问题来统领,各个教学时段也有小的子问题渗透,这样的教学过程能充分而彻底地体现探究学习的全过程性。第二,建设班级探究文化,超越主要问题在班级层面的应用,从而走向学校层面的应用。探究本是儿童天性,学校与教师的作用就是保护并激发这种能力,因此需要追求富有智慧的高阶学习目标,明确问题、教师、学生的各自责任与角色,提供安全的学习支持环境和必要的学习资源,重视课堂内外的探究学习,对学习过程与结果进行全面的评估。在这样的班级探究文化中,还有必要与学校其他员工和同事分享主要问题,尤其是一些跨学科的概括式问题。此外,尽量创造条件

---

① [美]格兰特·威金斯,杰伊·麦克泰格.重理解的课程设计(第三版)[M].赖丽珍,译.台北:心理出版社,2011:14.为便于说明,引用时做一定修改。

成立专业学习共同体,与成员一起分析探讨主要问题及其应用,吸收他们的批判性建议,共同分析学生作品,采取行动研究来改进自身教学与学生学习。第三,尽力创设螺旋式课程,或建设跨学科课程和超学科课程。主要问题需要以螺旋式课程为条件,这确实对于学校与教师提出了巨大挑战。在这方面,学校可以积极吸收校外专业力量,加强与有关大学的合作力度;可适当选择局部课程内容进行螺旋式课程建设,尝试纵向上用概括式问题构建不同年级、年段科学探究学习的螺旋式课程,横向上用主题式问题建构具体单元主题,一些九年一贯制的学校相对更有条件研制小学至初中的螺旋式课程;加强不同学科之间的整合,在学校公告、教师会议等诸多场所公布主要问题,用概括式问题联结不同学科内容,建设跨学科或超学科课程。

总之,应用主要问题开展单元探究学习绝非易事,但鉴于单元探究学习对于学生发展如此重要,需要学校和教师理解与超越现实困境,在根本意义上,学生在单元探究学习中得到的回报将远远高于教师与学生为它付出的时间和精力。

第十章

研制单元核心学习任务

主要问题的研制为单元探究学习提供了大的架构方向,主要问题或其子问题为具体课时提供了探究任务。无疑可以用这些问题架构整个单元教学,如果把这些问题转化为单元核心学习任务,单元教学亦可由单元核心学习任务来架构。因此单元教学的架构可由主要问题构成,或由单元核心学习任务构成,此时主要问题直接被单元核心学习任务代替了,或者单元教学的架构由主要问题与其子问题构成,也可由单元核心学习任务与其子任务构成。本章的核心任务是如何获得单元核心学习任务,为此先探讨了一致性及其对当前单元学习任务困境的启示,接着提出单元核心学习任务,然后论述了设计单元核心学习任务的两种路径,最后提供了设计单元核心学习任务的建议。

一、一致性及其对当前单元学习任务困境的启示

学习任务指向一定的学习目标,是课堂教学重要的组成部分。在素养导向的单元教学设计中,指向素养的学习目标要求学生综合应用知识与技能解决问题,因此为了发展学生素养,学习任务需要学生综合运用各种知识与技能完成任务。这样的学习任务往往是大任务,它们架构了单元设计,实现了单元诸多知识与内容的整合。然而,据我们在合作学校的观察[①],在单元教学设计中存在大量学习活动,而不是含有评价成分的学习任务;学习任务缺乏整合性,任务之间仅依赖单元主题关联。这些显得零散而无序的学习任务往往与评价任务各自独立,评价只是单独在学习任务结束后进行,弱

---

① 注:在与4所小学的合作前期,笔者分别抽样观察了单元设计指导后的第一次单元教学方案。

化了评价促进学习的功能。这样的学习任务使得学生学习缺乏深度,不能发挥教学与评价的统整作用。因此,为了落实素养目标,极有必要探讨在单元教学设计中如何设计综合性的学习任务。

所谓一致性是指"两个或多个系统元素之间的相似或匹配程度"。[①] 在教育领域,一致性意味着教育系统中各要素之间的匹配程度;在课程领域,一致性意味着课程各要素之间的匹配程度,其中标准、教学、评价的一致性乃课程一致性理论的集中体现。有关目标、教学、评价一致性的思想较早可见于泰勒(Tyler, R. W.)在《课程与教学的基本原理》中提及的四个基本问题之中[②]:1.学校试图达到什么教育目标?2.提供什么教育经验最有可能达到这些目标?3.怎样有效组织这些教育经验?4.如何确定这些目标正在得以实现?泰勒认为课程开发要围绕目标来选择教学材料、组织学习活动、设计评价任务,它们形成相互依附的关系,这是一致性最原始的思维形态,已具有目标、教学、评价一致性的意识。20世纪80年代之后,随着质性评价的进展,目标、教学、评价一致性理论也得到了发展,尤其在1998年之后,美国成立的课程与评价一致性分析协会特别强调"要把教学、评价与标准的一致作为州、学校是否有效落实课程标准的一项关键性指标"[③],明确指出学校要基于课程标准,通过教学和评价持续提供关于学生学习进程中的信息来修正课程。换言之,教学与评价的设计要围绕目标(课程标准),教学与评价的开展反作用于目标,评价与教学之间相互配合相互作用。尔后,波特(Poter, A. C.)和史密森(Smithson, J. L.)开发出"SEC一致性分析模式",全面深入地分析了目标、教学、评价之间的关系,阐述相关因素对它们的影响。[④] 截至今日,目标、教学、评价之间的一致性已成为广泛共识,被视为指

---

① Webb, N. L. Alignment of Science and Mathematics Standards and Assessments in four States. Council of Chief Stares School Officers [M]. Washington, DC: National Institute for Science Education(NISE) Publications, 1999: 1-43.
② 张华.课程与教学论[M].上海:上海教育出版社,2000:95—111.
③ 刘宇智.论评价与课程标准一致性的建构:美国的经验[J].全球教育展望,2006(9):35—38.
④ Poter, A. C., Smithson, J. L. Defining, Developing, and Using Curriculum Indicators [M]. Philadelphia: Consortium for Policy Research in Education, University of Pennsylvania, 2001: 4.

导课程与教学的重要原则。

目标、教学、评价一致性是课程教学的内在要求,体现在学期、单元、课时不同层次之中。在单元设计中,如果把单元知识与技能加以统整,得到若干简要的目标,那么根据一致性视角,学习任务自然需要统整,这些统整的学习任务将架构单元教学设计。与此同时,在单元设计中,如果增加这些学习任务的评价功能,那么它们不仅可以提供关键的学习活动,也可以为判断单元目标是否落实提供评价活动,进而实现学习与评价的一体化。这样的学习任务无疑是单元设计所需要的,它能很好地解决当前实践中学习任务存在的问题。

二、一致性视角下单元核心学习任务的提出

承上文所述,解决当前学习任务问题的关键在于:架构所有学习活动,使目标、教学和评价不分家。换言之,单元学习活动需要导向目标,使得教中有评、以评促学。正如图 10.1 所示,在一致性视角下如果把教学和评价基于目标整合为有限的几条学习任务,并由此规划架构单元教学,那么单元设计自然具有较好的一致性,能解决当前学习任务的问题。这样的任务即核心学习任务(significant task),它内在地包含了目标、教学与评价,指明单元最重要的学习活动。它立足于单元的整体内容,考虑课程标准的要求,基于真实的情境评价学生综合运用已有知识进行实作的表现。简要地说,核

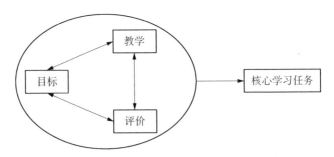

图 10.1 核心学习任务所体现的课程各要素

心学习任务以学生为认识主体,注重真实的整合性学习,它架构了单元学习活动,使得教学与评价紧扣目标,教学与评价一体化。在很大程度上,核心学习任务可视为体现目标、教学、评价一致性的基本单位。

在目标、教学、评价一致性视角下,单元核心学习任务具有以下三方面的特征。

第一,整体架构了单元教学。首先,单元核心学习任务规定了单元中最重要的学习活动,使在有限的教学时间内不至于舍本逐末,以便高效地完成单元目标。其次,核心学习任务体现了单元设计的整体策略,教学/学习活动就是在策略中使用的具体方法,在整体策略的指引下教师可自由而个性地选择方法,且自始至终指向单元整体。再者,核心学习任务为学生提供了展现其所知所能的机会和评价的载体。评价不再被单独排除在课堂教学之外,通过实作评价,学生真实的学习过程和评价达成一体,并得到及时的反馈和改善。由此,在单元核心学习任务中包含了关键的目标、教学、评价,使得单元教学富有整体性。

第二,体现课程标准的要求。威金斯和麦克泰格认为在单元教学中,"学生之恶"是以活动和内容为导向的教学,两者的共同点就是没有明确目标[①],缺乏明晰化目标的教学即使能在学生的发展上发挥些许作用,学生所获得的知能也是零散的。由于核心学习任务是开展教学的整体安排,其自然体现了学科课程标准的要求。这表现在:(1)核心学习任务转化了课程标准的要求。课程标准是既有目标,关注学生学习结束后应该得到的所知所能,核心学习任务是课程标准的操作化,通过描述做什么,关注教学实际怎么样,将课程标准巧妙融入教学之中。(2)核心学习任务尤其能体现课程标准所包含的综合性素养。课程标准体现学科核心素养的要求,内在地指向综合解决问题的能力。核心学习任务的设计结合了具体情境问题,致力于发展学生综合运用知识与技能解决问题的能力,能满足课程标准所包含

---

① [美]格兰特·威金斯,杰伊·麦克泰格.重理解的课程设计(第三版)[M].赖丽珍,译.台北:心理出版社,2011:xvii.

的素养目标要求。

第三,实现评价与教学一体化。随着对学习的评价理念向促进学习的评价理念转换,评价被当作镶嵌于教学过程之中的一个成分,和教、学一同构成三位一体的整体,评价不再限于学习结束之后进行,而在课堂层面持续实施。① 正是在促进学习的评价理念推动下,借助核心学习任务为载体开展评价活动,教学与评价自然地得以一体化。核心学习任务把课程标准的要求作为学习结果,这个结果就是学生在完成任务过程中的表现,通过对这些表现的引导、反馈和补充,达到促进学习的目的。另外,核心学习任务能使得评价与教学之间的界线愈加透明化,因为除了作为教学的手段,核心学习任务还被视为评估学生解决复杂问题的手段。这恰恰体现了教学与评价的合一。

三、一致性视角下单元核心学习任务的设计

单元核心学习任务的设计需要一套系统和科学的程序,通过规范及精细化的设计过程才能够促进标准、教学和评价之间的一致。相关设计方式主要有自下而上和自上而下的程序,前者从活动出发,后者从课程标准出发,二者蕴含不同的思维过程。

(一) 自下而上设计单元核心学习任务的程序

自下而上的单元核心学习任务设计程序是指课程设计者从单元主题引发的各种想法出发,然后将课程标准的语言纳入核心学习任务之中进行联合,主要包括七个步骤。②

步骤一:在单元中定位任务。这需要明确单元核心学习任务主要围绕什么主题或内容展开,一般来说,课程设计者在正式设计之前,就事先持有单元标题列表可作参考。以"演讲单元"为例,从单元标题来看即可明确核心学习任务定位于主题:演讲。

---

① 崔允漷.促进学习:学业评价的新范式[J].教育科学研究,2010(3):11—15.
② David, A., S. Aligning and Balancing the Standards-Based Curriculum [M]. Thousand Oaks, CA: Corwin Press, 2004:206-218.

步骤二：描述单元活动。围绕单元主题，课程设计者们需要合作设想一系列可能的单元活动，以及学生能够如何展示他们的学习过程。此处活动提出不在数量，也不在好坏，主要目的是发挥专业共同体的力量打开思维提出富有创意的想法。例如在"演讲单元"，可以提出的活动有：听有关演讲的磁带、读演讲稿、对演讲主题进行头脑风暴等。

步骤三：将活动分成任务。课程设计者将所提到的合理活动以大纲或列表等形式整理出来，活动的合理化要求不仅符合单元主题，且能够在有限的单元教学时间内开展。接着再将同类的活动分组，若干活动可以组成一个任务。"演讲单元"的活动大纲最终可分成三组任务(如图10.2)：1.通过对一些演讲模板的观察、倾听和反思，尤其关注其组织和表达，制定优秀演讲的标准；2.在小组合作中帮助其他人完善演讲的组织与表达；3.通过本课程所开发的标准评价演讲。

1. 与学生针对磁带播放的某个演讲展开讨论（学生喜欢/不喜欢什么）。
2. 精选一些演讲稿，看看不同的人是如何演讲的。
3. 针对学生的演讲主题进行头脑风暴。
4. 确定演讲组织的技巧。
5. 确定演讲表达的技巧。
6. 生成评价"组织和表达演讲"的标准。
7. 通过写作小组为学生提供反馈。
8. 为学生的演讲制定反馈规则。
9. 学生逐渐熟悉如何利用标准来评价演讲。
10. 鼓励学生利用录像进行自我评价。

→

任务1（1—6）：通过对一些演讲模板的观察、倾听和反思，尤其关注其组织和表达，制定优秀演讲的标准；
任务2（7—8）：在小组合作中帮助其他人完善演讲的组织与表达；
任务3（9—10）：通过本课程所开发的标准评价演讲。

图10.2 "演讲单元"的活动大纲到活动分组

步骤四：描述每组任务中最重要的活动。一个核心学习任务可以包括若干个学习活动，它是活动的上位概念，而活动是实施任务的具体方法，它们有主次之分，该步骤主要依赖教师的教学实践经验加以判断。①

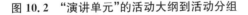

---

① 在该环节基本可以定出大观念为"什么是高质量的演讲"，而在自上而下程序中可能较早就确定出大观念。

步骤五：结合课程标准添加或修改核心学习任务。仔细阅读课程标准，并注意与单元主题或核心学习任务相关的词句，将课程标准中的语言合并到任务中，这是将核心学习任务和课程标准联系的关键环节。以任务 1 为例，结合课程标准并经过修改后如表 10.1 所示：

表 10.1　核心学习任务与课程标准的结合①

> 课程标准：听力/口语/批判地倾听。学生倾听以<u>批判性地分析</u>和评价说话者的信息：
> A. 解读说话人的信息(包括语言和非语言)、目的和观点(4—8)；
> B. 分析演讲者的<u>说服技巧和可信度</u>(7—8)；
> C. 区分说话者的观点和事实(4—8)；
> D. 监测他/她对语言信息的理解，并根据需要寻求说明(4—8)；
> E. <u>将自己对语言信息的看法与他人的看法进行比较</u>(6—8)；
> F. 根据内容、<u>可信度和表达</u>来评价语言信息(6—8)。
>
> **任务 1**：通过对一些演讲模板的观察、倾听、<u>批判地分析</u>和反思，尤其关注其组织、<u>说服技巧、可信度和表达</u>，制定优秀演讲的标准。<u>在班级活动中学生将他们自己对语言信息的看法与他人的看法进行比较。</u>

步骤六：结合五个问题审视核心学习任务的质量。这五个问题分别是：1. 核心学习任务是否包括可以指导教学的活动？教师是指导者，核心学习任务以学生为认识主体，因此活动应该是学生知道和能做的，而不是教师将要做的。2. 核心学习任务包括课程标准中的语言吗？核心学习任务与课程标准有直接的联系，尽管并不保证一一对应和完全覆盖，但可以在任务中找到相关的内容与课程标准匹配。3. 核心学习任务的描述是否复杂。对大多数学生来说是可行的，任务的复杂性在于它的完成需要综合应用知识和技能，涉及的是复杂的学习结果，不是陈列的知识点；可行性取决于学生与设计者团队的实践经历，因此开发之前要进行课标解读、学情考量与教材分析，以确保具有充分的实践经验以应付可能会出现的问题。4. 学生是否可以通过完成核心学习任务，理解并达到嵌入任务中的课程标准的要求。结束此项核

---

① David, A., S. Aligning and Balancing the Standards-Based Curriculum [M]. Thousand Oaks, CA: Corwin Press, 2004: 206-218.

心学习任务之后,学生能够达到目标,否则说明任务仍需继续改进。5. 本单元核心学习任务的完成是否占到单元教学总用时的 60% 以上。核心学习任务是单元内容的整合,是整个单元的核心,需保证有充足的时间来开展。

步骤七:可视化评价。这一步是将核心学习任务和评价相联系的关键环节,需要对学生任务完成过程中的表现及成果等可视化的结果予以评价,因此核心学习任务要足够具体才能支持评价的具体运作。例如,对于"演讲单元"的三个任务,可以分别利用倾听演讲后生成的标准清单、反馈表格、学生填写的演讲标准条例进行评价。

上述自下而上设计程序最终生成的核心学习任务为:1. 通过对一些演讲模板进行观察、倾听、批判地分析和反思,尤其关注其组织、说服技巧、可信度和表达,制定优秀演讲的标准。在班级活动中学生将他们自己对语言信息的看法与他人的看法进行比较;2. 在小组合作中帮助其他人完善演讲的组织与表达;3. 通过本课程所开发的标准评价演讲。

(二)自上而下设计单元核心学习任务的程序

自上而下的单元核心学习任务设计程序与自下而上的设计程序正好相反,课程设计者首先从课程标准出发,使其首先为想法的提出提供方向和思路,同样由七个步骤构成[①]:1. 在单元中定位任务;2. 审查课程标准以确定可能的活动;3. 描述可能的单元活动;4. 将活动分成任务;5. 描述每组中最重要的活动;6. 结合五个问题审视核心学习任务;7. 可视化评价。

自下而上的设计程序在任务大纲的基础上结合标准予以匹配,而自上而下的设计程序将"利用课程标准"这一步骤提前,两者的共同目的是实现任务与标准的一致。另外,自上而下的设计程序在浏览课程标准后还要做两项工作:第一,考虑应该强调哪些课程标准;第二,思考哪些活动可以回应这些课程标准。针对第一项工作,强调的课程标准要与单元主题相关,再把课程标准作为依据以提出各种可能的活动来匹配对应的课程标准,如此

[①] David, A., S. Aligning and Balancing the Standards-Based Curriculum [M]. Thousand Oaks, CA: Corwin Press, 2004: 206-218.

可以确保课程标准的高覆盖率。例如,表10.2呈现了"演讲单元"强调的课程标准及可能的单元活动。

表 10.2　强调的课程标准及可能的活动①

1. 分析演讲者的说服技巧和可信度
2. 根据内容、可信度和表达来评价语言信息
3. 根据听众、目的和场合调整语言,如选词、措辞和用法
4. 生成标准来评价他/她自己的口头陈述和其他人的陈述
5. 用证据、成果和例子来阐明和支持口头观点

利用演讲模板来制定优秀演讲的标准;学生选择演讲主题并计划演讲使其符合标准。学生们在课堂上发表演讲,同时进行录像。听众将根据优秀演讲的标准给演讲者反馈。演讲者根据录像判断反馈是否准确,并引用录像中的例子对反馈写一个简短的回应。

注:核心学习任务即从下划线部分提取。

上述自上而下设计程序最终生成的核心学习任务为:1. 倾听并分析演讲模板;2. 选择演讲主题;3. 列出演讲提纲并再次检验课堂生成的标准;4. 发表演讲并接受反馈;5. 回溯演讲录像以确定反馈的准确性。

相比自上而下设计程序,自下而上设计程序更强调教师的知识和经验,由于想法的提出不必拘泥于课程标准的限制,课程设计者有必要打开思维,否则由于活动数量的有限性难以和适当的课程标准条例相匹配,也难以实现标准较高的覆盖率。若覆盖率不高,自下而上的程序就不能体现出"自上而下的程序步骤六'审视核心学习任务'中的问题2'核心学习任务包括课程标准中的语言吗?'"的要求,为了提高任务与标准的匹配度,可以重新回到自上而下的程序,再次紧扣有关的课程标准完善核心学习任务。

四、一致性视角下设计单元核心学习任务的建议

教师在进行核心学习任务的设计过程中要始终秉持一致性的理念,将

---

① David, A., S. Aligning and Balancing the Standards-Based Curriculum [M]. Thousand Oaks, CA: Corwin Press, 2004: 206-218.

课程标准作为单元设计的起点和归宿,使所教即所学、所学即所评。

（一）研读课程标准

一致性视角下核心学习任务的设计,首先要求教师学会研读课程标准。此处的研读,非逐字逐句地精读,而是要在理解课程标准内涵的基础上,将其解构,并结合教学现实转换为具体的课程目标、单元目标乃至课时目标。转化后的课程标准使单元教学与评价有明确的指向,对于单元教学与评价具有更实际的指导意义。考虑到我国课程标准中的一些内容标准条例较为模糊,因此需要教师对课程标准文本进行具体化,进而结合学情与教材进一步明晰教学目标。这是书面的课程标准与真实的教学联系的关键,直接决定课程标准的落地性和目标的可行性。教师们在单元设计时,可在共同合作解读课程标准的基础上,将有关课程标准的专门研究和具体的教学实践相结合,不仅能发挥课程标准的指导作用,也能促进实现课程标准、教学、评价一致性。

（二）明确大概念

核心学习任务是种统整的任务,指向统整的单元目标。那么,如何使得单元目标具有统整性,又如何使之指导开发核心学习任务？在单元层面,大观念可发挥作用。大概念在学科课程中代表学科核心概念[①],理解大概念并在问题解决中应用大概念能使得单元目标具有统整性。与此同时,上述核心学习任务设计程序都隐藏着研读出课程标准所包含的大概念(有效演讲),并在大概念的引导下加以开发。因此,为了加强课程标准与学习任务之间的紧密性,教师需要明确单元的大概念,在此基础上生成的单元核心学习任务更能体现教学、评价与课程标准的一致性。

（三）系统化任务设计

核心学习任务设计是项系统工程,涉及诸多问题,例如如何将标准和单元核心学习任务更好地结合;如何更好地情境化单元核心学习任务;如何开

[①] 邵朝友,崔允漷.指向核心素养的教学方案设计:大观念的视角[J].全球教育展望,2017(6):11—19.

发核心学习任务的评价标准。对于这些棘手的问题,教师要加强理论学习,深化单元核心学习任务背后的理论基础,尤其是提升有关学习理论的认识,如建构主义学习理论,它们在促进单元核心学习任务的情境化和生活化方面能提供强大的理论支持。同时,教师们在教学实践中需要充分发挥专业共同体的力量,一起合作开发核心学习任务以回应一致性课程理论的根本诉求。

第十一章

设计单元评价方案

评价是课程的基本元素,设计评价方案是设计单元教学方案的重要环节。当前关于单元教学设计论述甚多,但大多集中于教学活动设计,较少探讨评价活动设计,评价的地位并没有得到应有的重视。深入分析此种现象,个中原因离不开学校和教师缺乏评价意识和评价知能,评价方案本身的难度也是让学校和教师望而却步的重要原因。在单元层面,探讨评价方案自然需要澄清评价方案的目的与类型,研讨研制评价方案的框架与技术。本章在论述这些内容后,进而以问与答形式回应人们对单元评价方案的有关困惑。

一、单元评价方案的目的与类型

评价总有目的,这是因为人类行为具有目的性。对于单元评价方案,其目的之一在于获悉单元教学目标的落实情况,其目的之二在于诊断教学并为学生学习和教师教学提供改进建议。理想上,校内的评价全部要以促进学生学习评价为目的,但实际上受限于教学时间和教师工作量等,单元通常会以单元测试结束,不再结合单元测试数据来改进教学。在这种情况下,单元评价方案目的具有终结性特征。当然,单元测试的数据也可以进行深入分析,挖掘这些数据背后的含义,教师可从中获取学生学习存在的问题与自身教学需要改进之处。此时,单元测试兼具形成性与总结性特征。

在类型上,如果以单元测试为参照,单元评价方案大致可分为三种,分别是过程评价、单元测试＋过程评价、单元测试。表11.1描述了这三种评价方案:

表 11.1 单元评价方案的常见类型

方案类型	实践表征	补充说明
过程评价	教学与评价分离；教学与评价整合；教学与评价部分整合	没有单元测试，评价覆盖了整个单元学习；较少发生
单元测试	纸笔测试或非纸笔测试	关注最终考评结果；较少发生
过程评价＋单元测试	综合了上述两种表征	过程与结果并重；经常发生

选择何种评价类型受多种因素影响，例如单元教学内容的难易程度、容量或时间。对于那些时间短的单元，完全可以不采纳单元测试，而是把过程评价作为设计重点。但一般而言，评价类型"过程评价＋单元测试"最为常见，其优点是能更为全面地收集学生学习证据。表 11.2[①] 来自初中英语八年级上册"Unit 2 How often do you exercise?"，大观念的学习要求是学习如何使用时间频度副词来询问某人做某事。

表 11.2 "Unit 2 How often do you exercise?"单元的评价任务规划

总体评价设计	学习目标/大观念的学习要求：学习如何使用时间频度副词来询问某人做某事的规律	评价工具和策略
诊断性小测验 单元教学前进行一次摸底小测验	课程标准的要求及细化[②] 第一，通过复习并拓展，掌握一些基本的活动名称，能流利地谈论生活习惯。 ● 本条目要求学生从自己的日常生活中，了解一些人们常见的活动，如：exercise, watch TV, go shopping, go to the movies, help with housework, eat junk food, eat fruit, eat vegetables, drink milk, sleep, use the Internet，并能运用本单元的核心句子"What do you usually do on weekends? What does she do on weekends?"谈论关于个人的生活习惯、饮食习惯等。	头脑风暴活动 平常反馈，如作业和练习的分析

---

① 周明，邵朝友.论课堂评价方案的设计[J].教育视界，2015(1).
② 中华人民共和国教育部.初中英语新课程标准[M].北京：人民教育出版社，2012.

续表

总体评价设计	学习目标/大观念的学习要求：学习如何使用时间频度副词来询问某人做事的规律	评价工具和策略
写句子 完成日常活动和时间频度副词后，要求学生写3个关于自己生活习惯的句子	第二，通过学习，正确区分表示不同程度的时间频度副词，如：always, usually, often, sometimes, never, 并使用不同的程度副词表达做某事的频率。 ● 时间频度副词既是本单元的重点，也是本单元的难点。学生应结合之前学到的日常活动，正确使用本单元的另两个核心句型"How often do you...? How often does he...?"，学习如何使用时间频度副词来询问和回答某人做事的规律。同时，通过引导学生了解什么样的饮食习惯和生活习惯才能保持健康的体魄，帮助学生逐步养成良好的生活习惯。	
课堂小测验 要求学生在课堂上完成老师设计的一份练习，包括写出不少于5个表示日常活动的词或词组，5句关于朋友或家人日常生活习惯或饮食习惯的句子（含频度副词）	第三，通过以上的学习，学生再掌握一些表示程度的词组，如 more than, less than, at least, ninety percent of the..., 以便能够更准确地表达语意。 ● 要求学生熟练使用询问频度的句型，如：How often 引导的特殊疑问句之后，能运用恰当的词组更准确地表达自己的思想，如：He plays sports at least twice a week. Ninety percent of the students always use the Internet. 学生细心体会这些词组在表达语意时的重要作用。	为学生制定出评分规则和核查表，以便学生了解学习目标并进行自我评价
专题点评 结合学生的作业，总结出学生所存在的问题，并于课堂上归类出各种典型错误的特征	第四，能阅读介绍个人生活习惯、饮食习惯等方面的相关文章，了解哪些饮食习惯、生活习惯是健康的，培养学生有规律地安排活动的能力，促使学生养成良好的生活习惯。 ● 学生会阅读含不同时间频度副词的句子，以及一些更能增加精确表达的词组，如：more than, less than, at least, ninety percent of the..., 感受语言的奇妙，认识准确表达的重要性。	专题点评前要求学生归类出各种错误
形成性单元测试 考察本单元知识点落实情况，以便调整教与学	第五，学生能运用本单元学过的知识，写一篇有关自己好与不好的生活习惯的短文。 ● 运用恰当的时间频度副词，描述个人的生活习惯和饮食习惯，如果能使用 more than, less than, at least, twenty percent of the 等词组，则更好。	

从表11.2可见,该单元评价设计的特点是,首先,考察学习内容和要求,如把课程标准细化为本章的学习要求。其次,规划好评价活动和目标,如该单元的评价活动包括诊断性的小测验、表现性任务、单元形成性小测验,而这些评价活动都有明确的学习目标。再者,设计好每次评价活动所需的评价工具或策略,如平时反馈、日志、阅读任务与报告等。最后,本单元的评价设计充分地考虑了学生,把评价与学生的学习联系起来,体现了以目标为统整的评价与教学的整合。

二、单元评价方案的研制:聚焦于嵌入式过程评价

教学与评价的一致是课程设计的内在诉求,如何让评价贯穿于整个单元设计就成为一个非常现实而重要的议题。实际上,第十章的核心学习任务为此提供了一个办法——用几个关键的任务贯穿整个单元,而且这些任务整合了教学与评价。本节将更为详细地论述更为一般意义上贯穿单元的评价任务设计,它可以用于国家和校本课程。

为此,下文将提供一个案例做具体阐述。该案例由杭州市育才登云小学韩文杰老师研制,笔者参与了文本整理,主要借鉴了《单元设计中的评价:以表现性评价促进"教—学—评"一致——以斯坦福大学NGSS评价项目为例》[1]。当时韩文杰老师任教的校本课程为"西湖民间故事"。该课程包括"西湖风景名胜传说""西湖特产传说""西湖传说故事"三个大单元,本单元为"西湖风景名胜传说"。

(一)设计单元评价

1. 确定单元评价的目标

该单元核心概念/大观念为"故事叙述需要表现出内容与美感",单元评价总体目标为"讲述西湖传说并叙述出传说之美",相关具体目标包括:(1)

---

[1] 林秋雨,周文叶.单元设计中的评价:以表现性评价促进"教—学—评"一致——以斯坦福大学NGSS评价项目为例[J].上海教育,2021(11):30—35.

能阅读浅近的故事,对感兴趣的人物和事件有自己的感受,并提出想法;(2)听故事、看音像作品,能复述大意和自己感兴趣的情节;(3)能较完整地讲述小故事,能简要讲述自己感兴趣的见闻;(4)初步领略故事之美。

2. 构建单元评价的表现性任务

基于上述目标,研制单元评价的表现性任务,这可从设置问题情境和撰写任务导语两个步骤进行设计。

第一步,设置单元评价的问题情境。上述目标,尤其是4条具体目标,实质上反映了对学生表现结果的要求,可据此思考问题情境的设计:

杭州西湖具有许多美丽的传说,非常有趣又引人入胜。这些故事内容神奇、富有想象力。让我们一起走进"西湖风景名胜",听一听、讲一讲它们的故事,并说出你自己的感受。

第二步,撰写单元评价的任务指导语。为更好地让学生完成任务,还需要告知学生他们需要做什么,可得到哪些支持等。对于上述问题情境,可设计如下任务指导语:

在学校组织的比赛中,你需要说出故事的主人公,并提出1—2个问题;听完故事后,简要说出印象最深的故事情节……

完成上述两个步骤后,可通过整合问题情境和任务指导语得到表现性任务。整合过程不是简单的合并,通常需要重新组织语言。表11.3第一、第二行类似于问题情境和任务指导语。

表11.3　单元评价的学生任务指南设计

任务介绍: 　　小朋友们好!杭州西湖,美景如画,西湖的名胜也各有传说和来历。近期,学校拟举办"讲西湖风景名胜传说故事"的比赛,现向同学们发出参赛邀请。 　　了解几个关于西湖风景名胜传说的小故事,根据故事内容画一幅美景图,并合作讲讲传说故事,结合自己的游览,说说自己的感受吧!期待你在比赛中获得好成绩!
在这次评价中,你需要展示如下能力: (1)说出故事的主人公,根据故事内容提出1—2个问题。(子评价任务1) (2)听完故事后,简要讲出印象最深刻的故事情节。(子评价任务2) (3)根据故事内容,画出风景名胜图。(子评价任务3)

续表

(4) 小组合作选择一个传说故事,通过自己喜欢的方式(分段讲述、分角色演等)合作录制讲故事的视频,并说说自己的游览感受。(子评价任务4)

需要评价的学生作品:
(1) 上交绘画作品和讲故事视频,同学之间互评+师评。
(2) 阶段性任务中涉及的问题回答和表述作为形成性评价的材料。

3. 制定单元评价的评分规则

在单元评价中,基于学生学情,从学生立场概括性地说明总体评价标准。如对于上述任务,研制出如下评分规则。

表11.4 单元评价的评分规则设计

低水平	中低水平	中高水平	高水平
学生能够讲出故事的主人公,提出1个自己想问的问题,并大致复述出自己感兴趣的故事情节。	学生能够讲出故事的主人公,提出1个想问的问题,根据故事画出风景画;小组合作复述出故事大意和自己感兴趣的情节,语言表达流畅。	学生能够根据故事内容提出2个想问的问题,并画出风景画;小组合作复述出故事大意和自己感兴趣的情节,并交流自己的游览感受,语言流畅、自然大方。	学生能够根据故事内容提出2个以上想问的问题,画出风景画;小组合作复述出故事大意,生动地讲出自己感兴趣的情节并交流自己的游览感受,语言流畅、自然大方。

(二) 把评价嵌入单元设计

通过上述步骤,已经基本建构了西湖风景名胜传说单元的表现性评价,单元教学和学习经历相互嵌入,实现"教—学—评"一致性。为了更好地把评价贯穿于整个单元教学,可采取两种办法:一是以目标为线索把评价目标按课时分解出课时目标,然后制定这些分目标的表现性任务和评分规则;二是以评价为线索把总的评价任务分解为几个子评价任务,并据课时安排这些子评价任务。这里需要注意的是,这些子评价任务一般为课时中的核心任务,通常也作为课时的核心教学任务。下述以评价为线索呈现如何把评价嵌入单元设计。

1. 组织单元评价的时间线

单元评价的时间线将学习序列贯穿,在"讲西湖风景名胜传说故事"的任务情境下,共安排了4个课时,逐步引发学生的学和教师的教。

表 11.5　单元评价的时间线设计

第一课时 (嵌入子评价任务1)	欣赏"西湖十景",介绍任务。 阅读文字、看视频录像,说出故事的主人公,并就故事内容提出想要问的问题。
第二课时 (嵌入子评价任务2)	再听故事,简要讲出印象最深刻的故事情节。
第三课时 (嵌入子评价任务3)	根据故事内容,画出风景名胜图。 欣赏风景名胜图,重温故事内容。 布置课下视频任务(小组合作)。
第四课时 (嵌入子评价任务4)	欣赏讲故事视频,交流感受。

2. 依据单元评价制定教师单元教学指南

明晰了评价设计,还需要明确评价与教学的关系,实现二者的一致性,在教师的教学过程中,教师为学生提供学习支架,促使学生积极参与单元评价任务,实现单元评价目标。

表 11.6　教师教学指南示例

学生活动	教　学　指　导
观察视频后说出故事主人公并提问 (嵌入子评价任务1)	● 向学生介绍评价的背景信息。 ● 带领学生欣赏"西湖十景",引起学习兴趣。 ● 提醒学生如何有效地自主学习和合作学习。 ● 提供故事文本和视频录像,引导学生说出故事的主人公。 ● 记录并交流学生提出的问题。
讲出印象最深刻的故事情节 (嵌入子评价任务2)	……
画出风景名胜图 (嵌入子评价任务3)	……

续表

学生活动	教学指导
欣赏讲故事视频,交流感受 (嵌入子评价任务4)	● 课前布置视频作业 ● 再次明确作业的评价维度和评分规则 ● 引导学生自行欣赏视频,和自己的作品对比,提出1—2个优点 ● 带领学生提出改进措施 ● 评选"西湖风景名胜传说"故事小达人

在西湖风景名胜传说单元,遵循如上设计,表现性评价贯穿教和学的全过程,实现素养本位的单元设计一致性,并有效指向单元目标和学生的学习进步。

三、单元评价方案的研制:聚焦于单元试卷

单元试卷是开展单元评价的重要工具,也是设计单元评价方案的难点。下文将聚焦于单元试卷的研制,探讨如何开展单元试卷的研制。

(一)单元试卷的审视与原则

研制单元试卷是教师常规性的专业工作,对于开展单元教学设计具有重要价值。但从单元试卷的质量来看,还存在不少问题:(1)考查目标偏重于低阶简单的教学目标。这些教学目标大多以记忆、背诵或简单的理解与应用为主。(2)评价的题型多以选择题或是非题为主。与上述简单的评价目标相关,考查题目中选择题与是非题占了整张试卷的绝大部分篇幅,而且这些题目缺乏情境性。(3)缺乏整体的规划。更为糟糕的是,不少试卷是直接从网络上下载的,缺乏最基本的筛选过程。题目与题目之间的搭配组合缺乏最基本的设计,缺乏明确考核目的,甚至个别试卷中出现极其相似的题目。

研制单元试卷并非随意随性的行为,是高度专业化的活动。原则上,研制单元试卷需要遵守下述基本原则:(1)明晰测试的目的。测试目的不外乎总结性与形成性,它们各有用途。如果是为了了解在某些概念上学生的

具体表现,进而挖掘背后的原因,那么这样的测试就带有明显的形成性评价性质。(2)明确测试的目标。一个单元有自己的教学任务,单元测试需要事先罗列出所要评价的教学目标,并结合测试目的确定教学目标的范围与数量。(3)用测试蓝图指导评价任务的编制。测试蓝图应描述要测量的行为表现和学习目标的样本,只有这样它们才能有助于我们确定评价任务的类型、确定每一个具体内容领域所需要的评价任务数量。(4)进行题型组合。不同的评价任务类型有着不同的优点与缺点,在一张试卷上需要题型搭配。(5)适当增加表现性任务的比重。考虑到选择题与是非题较难考察素养目标,因此在试卷上可降低它们的题目数量,适当提升设计题等表现性任务的题目数量。(6)规范地命题。每种题目都有自身的规范,命题过程必须遵守这些基本规范,例如选择题的题项一般不要出现否定的语言,一些大题目要研制评价标准。(7)写出每道评价任务,避免评价任务之间的相互提示。编制任务的时候如果不小心,也许一道题目就会为其他题目提供有用的信息。比如说,选择题题干中的名字、日期或事件就可能会为一道简答题提供答案线索。(8)有序安排题目。题目安排次序对学生的表现影响重大,需要细心地进行安排。单元测试不是为难学生,而是尽量让学生最佳地发挥,更全面地表现出自己的学业成就。因此,一般在题目安排中,先呈现较为容易的题目,然后呈现较难的题目。(9)确保充分的测试时间。测试总有一定的时间,充分的时间能才能让学生得到充分的发挥。(10)细心核查试卷。在正式开展测试前,尽量细心核查每道题目,确保它们的准确性,不会因语言等问题被学生误解。(11)规定测试成绩与平时成绩的关系。这种关系主要是从单元最终成绩角度考虑的,教师需要规定它们在总成绩中所占的比重。

(二)研制单元试卷的框架

对于有限内容而言,单元测试直接罗列出学习目标并为之配置一定数量的题目就够了。但对于包含较多学习目标的测验,往往需要应用双向细目表,它是设计单元测试的蓝图,下表是双向细目表的常见格式之一。

表 11.7 双向细目表的常见格式

考察内容	认 知 要 求		
××单元	记忆 ___%	理解 ___%	运用 ___%
知识点 1			
知识点 2			
……			

表 11.7 只是非常简单的形式,实践中双向细目表往往表现出不同样式。如把认知要求的数量扩充,例如可利用新修订的布卢姆认知目标分类(2001 年版)[①]把表 11.7 的三种认知要求扩充为记忆、理解、运用、分析、评价、创造。另外,有时为了统计便利,还可能增加题型、题量、分值或百分比、测验时间等。表 11.8 是关于单元测试的例子。[②]

表 11.8 某中学地理天气单元的双向细目表

	认 知 要 求						
	记忆			理解	运用		
内容	基本术语	天气符号	具体事实	影响天气形成的因素	气象图	题目总数	题目比例
气压	1	1	1	3	3	9	15%
风	1	1	1	10	2	15	25%
温度	1	1	1	4	2	9	15%
湿度与降水量	1	1	1	7	5	15	25%
云	2	2	2	6		12	20%
题目总数	6	6	6	30	12	60	
题目比例	10%	10%	10%	50%	20%		

---

① [美]安德森等.学习、教学和评估的分类学[M].皮连生,主译.上海:华东师范大学出版社,2007.
② [美]林恩,格朗伦德.教学中的测验与评价[M].促进教师发展与学生成长的评价研究项目组译.北京:中国轻工业出版社,2003:67.

表 11.9[①]则是另一测验命题框架,它极大地改进了双向细目表,其内容包括命题的目的、考察内容,考察内容对应的认知水平、题型、题量,以及确定相关题目所需的评分标准。

表 11.9 测验设计框架

命题的目的:									
考察内容	认知水平						其他考量		
大观念	记忆 ___%	理解 ___%	应用 ___%	分析 ___%	评价 ___%	创造 ___%	题型	题量	评分标准
知识点 1									
知识点 2									
……									
测试时间:_____分钟									

(三)单元测试设计案例[②]

开发背景。某校高一年段物理教学刚完成"运动的描述",本单元是高中物理的第一共同必修模块中的第一个主题。为了解学生学习状况,并据此做出教学补救,备课组徐老师准备进行一次测验。

开发过程。限于篇幅,下文节选测验设计中有关课程标准的研读过程与结果,以及测验设计蓝图的设计等主要事件。

☑ **对照课程标准条目,描述相应课程标准条目的基本要求**。对照高中物理课程标准可得如下条目:[③]

课程标准条目 1:通过史实,初步了解近代实验科学产生的背景,认识实验对物理学发展的推动作用。

---

① 崔允漷,邵朝友.如何基于标准命题:从双向细目表走向测验设计框架[J].上海教育科研,2007(8).引用时做一定修改。
② 邵朝友.促进学习的课堂评价:理论与实践[M].上海:上海交通大学出版社,2015:106—110(8).引用时做一定修改。
③ 物理课程标准研制组.普通高中物理课程标准(实验)解读[M].湖北:湖北教育出版社,2003:203.

课程标准条目2：通过对质点的认识，了解物理学研究中物理模型的特点，体会物理模型在探索自然规律中的作用。

课程标准条目3：经历匀变速直线运动的实验研究过程，理解位移、速度和加速度，了解匀变速直线运动的规律，体会实验在发现自然规律中的作用。

课程标准条目4：能用公式和图象描述匀变速直线运动，体会数学在研究物理问题中的重要性。

通过讨论，备课组对上述4条内容标准对应的基本要求达成如下共识：

第一条要求：本条目要求学生从物理学的历程中，大致了解近代实验科学产生的背景，诸如了解亚里士多德关于力与运动的主要观点和研究方法，了解伽利略的实验研究工作，认识伽利略有关实验的科学思想和方法等。学生通过了解实验科学产生的背景，了解实验对物理学发展的重要作用，体会了物理学与历史、社会等人文科学的联系。

第二条要求：质点是高中物理入门的知识，要求学生认识质点，更重要的是让学生通过对质点的学习了解物理学研究中物理模型的特点，体会物理模型在探索自然规律中的作用。

第三条要求：要求学生认识匀变速直线运动的特点，而且要求学生经历匀变速直线运动的实验研究过程，还可以要求学生通过史实，了解伽利略研究自由落体运动所用的实验和推理方法，了解伽利略对物体运动的研究在科学发展和人类进步上的重大意义，体会实验在发现自然规律中的作用。此外，还要求学生理解位移、速度和加速度等，了解匀变速直线运动的规律。

第四条要求：用公式描述匀变速直线运动，即用匀变速直线运动的位移公式、速度公式、加速度公式等描述匀变速直线运动的规律，让学生体会数学简洁、抽象、准确等特点，感受数学方法的奇妙，认识数学在研究物理问题中重要性。同时，要求学生会用图象描述匀变速直线运动，从而认识图象法在研究物理问题中的作用，让学生感受到图象法直观、形象、生动的美。

最后，确定了本单元的大观念为匀变速直线运动，其学习要求为理解描述匀变速直线运动的方式，并将匀变速直线运动应用于具体情境。

☑**明晰课程标准所对应的评价目标**。通过上述课程标准条目的考察，备课组经过讨论列出了如下评价目标清单：

A. 力和运动关系的一些重要史实；B. 质点；C. 时间和时刻；D. 矢量和标量；E. 位移；F. 速度；G. 加速度；H. 匀变速直线运动规律；I. 自由落体运动规律；J. 实验研究匀变速直线运动；K. 实验研究质量相同、大小不同的物体在空气中下落的情况；L. 经历匀变速直线运动的实验过程；M. 实验与物理学发展的关系；N. 用数学公式、图像描述匀变速直线运动。

☑**撰写各知识点的表现要求**。通过上述分析写下各知识点认知要求及表现要求，如：

A. 力和运动关系的一些重要史实——属于"记忆"：能熟练地说/写出近代实验科学产生的背景，诸如了解亚里士多德关于力与运动的主要观点和研究方法，了解伽利略的实验研究工作，认识伽利略有关实验的科学思想和方法等。

B. 质点——属于"理解"：在不同的情境中，知道当物体的尺寸比要研究的距离小十倍以上，或尺寸比要研究的物体尺寸小十倍时，可以把该物体视为质点，并能说出具体原因，以及这种处理方法的优点。

C. 时间和时刻——属于"理解"：能说/写出时间和时刻的区别，在计算中，能知道在第 n 秒末与第 n 秒初、第 n 秒内的关系。

D. 矢量和标量——属于"理解"：能说出矢量与标量的区别，能辨别出不同物理量是矢量还是标量，并了解矢量的运算法则。

E. 位移——属于"理解"：能说/写出位移和路程的区别，以及为什么要引入位移的原因。在不同情境中能计算出位移的大小，并能标志出位移方向。

F. 速度——属于"应用与创造"：能说/写出速度与速率的差别，以及为什么要引入速度的原因。在不同情况下能计算速度或平均速度、瞬时速度、速度变化量大小，并能标志出方向。需要时能设计一个方案来计算运动物体的速度。

G. 加速度——属于"应用与创造"：能说/写出加速度与速度的区别，

以及为什么要引入加速度的原因。在不同情境中能正确地计算出加速度（包括大小、方向），说/写出加速度与速度变化量的方向关系。需要时能设计方案计算运动物体的加速度。

H. 匀变速直线运动规律——属于"应用与创造"：能正确选择公式进行简便地计算，并能综合利用各方信息，特别是明确不同运动阶段内对应的各运动量，挑选出合适的公式来设计方案、解决问题。

I. 自由落体运动规律——属于"应用与创造"：能在各种条件下，显示出对重力加速度的理解，并能推导自由落体运动的规律。正确选择自由落体公式进行简便地计算，并能综合利用各方信息，挑选出合适的公式来设计方案、解决问题。

☑ **抽样考查目标，依据测验设计框架命题**。基于实际需要，研制出如下测验设计框架：

表 11.10　"运动的描述"单元的测验设计框架

命题的目的：了解学生学习活动，以便采取补救措施，并为后续教学服务。							
考察内容	考察目标					其他考量		
大观念：运动的描述	记忆 0%	执行 0%	理解 52%	应用 48%	创造 0%	题型	题量	评分标准
参照系			✓			选择题	2	
质点			✓			选择题	1	✓
矢量与标量			✓			选择题	3	
路程与位移			✓			选择题	3	
速度与加速度			✓			选择题	8	✓
匀变速直线运动规律				✓		计算题	2	✓
自由落体运动规律				✓		计算题	1	✓
测试时间：100 分钟							

☑ **开发相关试题的评分标准**。由于是为了了解学生学习问题，因此命

题时特意为相关容易出错的知识点设计不同得分的选项。如对于第2题，本题考察的知识点为"质点"，对应的认知要求为"理解"，可研制下述评分标准，它们能帮助教师了解学生的学习情况。

表 11.11　一道选择题的评分标准

2. 下列关于质点的说法中，正确的是(　　) 　A. 质点是一个理想化模型，实际上并不存在，故引入这个概念没有多大意义； 　B. 只有体积很小的物体才能看作质点； 　C. 凡轻小的物体，皆可看作质点； 　D. 如果物体大小对所研究的问题属于无关或次要因素时，即可把物体看作质点。
4分(选 D)＝在不同的情境中，知道当物体的尺寸比研究的距离小十倍以上，或尺寸比要研究的物体小十倍时，可以把该物体视为质点，并能说出具体原因，以及这种处理方法的优点。
2分(选 A)＝知道质点是个理想的模型，但不知道在什么情境下可以把物体看作质点。
0分(选 B 或 C)低水平＝不知道什么质点是种理想模型，以为质点就是代表体积小的物体，或者在任何情境中，都把物体看作质点。

对于计算题则都研制出相应评分标准，如第20题考查的是匀变速直线运动规律，对应的认知水平为"应用"，其对应的评分标准如表11.12所示：

表 11.12　一道计算题的评分标准

	20. (9分)物体由静止开始作匀加速直线运动，在某1s内通过的距离是15 m，其加速度大小是 2 m/s²。 求：(1) 物体在这1s初的速度是多少？ 　　(2) 物体在这1s以前已经运动了多长时间？ 　　(3) 物体在这1s以前已经通过了多少路程？
9分	选择简便的公式，假设了该秒内的平均速度，利用运用如下物理量 s＝15 米，t＝1 秒，计算出平均速度，进而算出该秒的初速度、时间、路程；计算结果正确
	介于 9 分与 7 分之间
7分	假设了前面运动的时间 t 或该秒初的速度 v，选择了相应的位移公式 $s=1/2a(t+1)^2 - 1/2at^2$，或 $s=v \cdot (t+1)+1/2a(t+1)^2 - v \cdot 1 - 1/2at^2$，并利用了 s＝15 米，t＝1 秒，但解题过程重复运用公式，对时间和时刻部分理解有误；1 个计算结果有错误

续表

	介于7分与5分之间
5分	同时假设多个物理量,如前面运动的时间t、该秒初的速度v,选择了多个公式来列方程求解,列式时思维有点混乱;没有理解时间和时刻的区别;1个计算结果有错误
	介于5分与3分之间
3分	同时假设多个物理量,如前面运动的时间t、该秒初的速度v,选择多个公式来列方程求解,无效运用公式,只有个别公式与假设的物理量相关;2个计算结果有错误
	介于3分与1分之间
1分	只写出个别公式,并代入正确数据;
0	没有写下任何东西,或写下无关的东西

开发结果。最终备课组开发出单元测试设计框架表、测验试卷、试题评分标准,上文主要呈现测试设计框架表与部分试题的评分标准。

四、单元评价方案的问与答

1. 单元评价方案是否要写得很具体,一旦制定后就固定不变?

答:评价方案到底具体到什么程度与单元学习目标、学习容量,以及所采纳的单元评价方案类型有关。一般说来,单元容量大,耗时长,单元评价方案相对会宽泛,尤其是采纳过程评价的话,较难具体规定某节课的评价活动。就笔者的观察,大多数单元实施时间为10个课时左右,基本可以具体地规划评价过程。制定单元评价方案后,可以随着教学进度适当调整评价内容。

2. 大观念的学习要求,如"能应用能量守恒定律解释物理事件"通常比较宽泛,包含了众多情境,而评价该目标的评价任务往往是某个特定情境的任务,那么大观念的学习要求与学生在特定情境任务上的表现有何关系?

答:该问题涉及教育评价的测量学基础。在教育评价中往往用建构(construct)来描述评价任务要考查的某种属性,即学习目标或评价目标。

在一般的意义上讲,教育评价是一种基于证据的推理过程,即通过学生在某些评价任务上的表现来推断他们在某些建构上的特征或水平。学生在特定情境任务上的表现只是掌握该评价目标的一个表现,但一般说来我们可以收集其他的几个表现来证明该目标被学生掌握了。

3. 能否为过程评价提供一种适合教师使用的参考模板或框架?

为确保评价任务与学习目标的一致,具体规划评价方案时,可把相关课程标准条目转化为若干条学习目标,然后再结合教学时段规划评价任务。下表提供了一种实用参考框架:

表 11.13 实用评价任务规划的参考框架

实施时间	课程标准	学习目标	评价任务 A. 选择/匹配/是非题;B. 填空题; C. 简答题;D. 表现性任务
时间一	课程标准 1	学习目标 1	采取 C. 简答题
		学习目标 n	……
时间二	课程标准 2	……	……
时间三	课程标准 1、2	对应的所有学习目标	形成性课堂小测验
时间四	课程标准 3	对应的学习目标	对应的评价任务
……	……	……	……

4. 请举例说明如何调整选择题和填空题的数量,适当增加表现性任务的数量?

答:考虑到现实的各种约束,很难完全或大部分采纳表现性任务来研制单元评价方案,但可以做一些折中的调整。例如,原来单元测试含有 15 道选择题或是非判断题,可以在满足必要评价目的和内容后,减少选择题或是非判断题数量为 10 个,增加 1—2 个大题目。

5. 评价任务各有利弊,请简要说明不同评价方法与何种学习目标或结果是对应的。

答:在这方面可借鉴斯蒂金斯(R. J. Stiggins)的观点,他构架出如下学习结果与评价方法的组合。表 11.14 表明评价方法本身并无优劣之分,只有合适与否之别,因此,教师的一个重要职责就是为评价找到一种或几种适切的评价方法。

表 11.14　学习结果与评价方法的组合①

学习结果	评价方法			
	选择性评价	论述式评价	表现性评价	交流式评价
知识和观点	能够考察对知识点的掌握程度	可以测量学生对各个知识点之间的关系的理解	不适用于评价这种学业目标	可以提问、评价回答,并推断其掌握程度,但是很费时间
推理能力	可以评价某些推理形式的应用	对复杂问题解决的书面描述,可以考察推理能力	可以观察学生解决某些问题或者通过成果推断其推理能力	可以要求学生"出声思考"或者通过讨论问题来评价推理能力
表现性技能	可以评价对表现性技能的理解,但不能评价技能本身	可以评价对表现技能的理解,但不能评价技能本身	可以观察和评估这些技能	非常适用于评价口头演讲能力,还可以评价学生对技能表现的基础知识的掌握
产生成果的能力	只能评价对创作高质量产品的能力的认识和理解	可以评价产品创作的背景情况,简短的论文可以评价写作能力	可以评价创作产品的步骤是否清楚,或产品本身的质量	可以评价程序性知识和关于合格作品的特点的知识,但是不能评价作品质量
情感倾向	选择性问卷可以探测学生的情绪情感	开发式问卷可以探测学生的情绪情感	可以根据行为和产品推断学生的情感倾向	可以跟学生交流,了解他们的情绪情感

6. 试比较下表两种任务呈现方式,简要说明为何第一种任务呈现方式更能评价素养?

---

① Richard J. Stiggins.促进学习的学生参与式课堂评价[M]."促进教师发展与学生成长的评价研究"项目组,译.北京:中国轻工业出版社,2005:77.

答：该表给出了同一个情境化任务的两种不同呈现方式。从形式上来看，第二种方式更像是当前我国教育考试中题目的呈现方式，题干采用学科概念和符号进行描述，并且提供了相关变量的确切取值以及背后的理论模型。相比之下，呈现方式一更像是描述真实生活中发生的场景，在表述方式上更贴近日常的表达方式。如何确定采取哪一种呈现方式？实际上，从呈现方式一转化成呈现方式二的过程，体现的正是学生能否根据研究问题和情境，运用学科符号系统、概念体系和思维方式，分析模糊的现实情境，从中提炼关键特征或变量，将原有情境表征变成能够揭示其关键本质和内在结构的物理模型的过程。这个过程恰恰体现的是学科核心素养的重要构成。因此，从学科核心素养的表现角度来看，情境的呈现方式一是更加合理的，而当前考试中常见的呈现方式二反而将这些表现排除在问题解决过程之外，只剩下根据理想模型套用公式和计算的成分了。[1]

表 11.15　"秃鹰和飞机相撞"问题的两种呈现方式

呈现方式一	呈现方式二
据报道，1980 年一架美国战斗机在威克夫区上空与一只秃鹰相撞，飞机坠毁。试估算秃鹰对飞机的冲撞力。	一架质量为 M 的飞机与一只质量为 m 的秃鹰在威克夫区上空发生正面碰撞，飞机坠毁。已知秃鹰质量 $m=1$ 千克，身长 20 厘米，飞行速度 $v=30$ 米/秒；飞机质量 $M=100$ 吨，身长 35 米，飞行速度 $V=500$ 米/秒。假设飞机和秃鹰相撞符合完全非弹性碰撞模型，试估算秃鹰对飞机的冲撞力。

7. 为了更好地发挥评价促进学习的功能，往往需要整合评价任务与教学任务，试说明如何让评价与教学一体化？

答：整合评价任务与教学任务体现了让评价与教学一体化的诉求，可采纳三种方式：(1)出示活动任务前，公布评价目标，让学生了解努力的方向。(2)在活动任务中设置明确的评价任务。无论以口头表达还是书面表达方式，布置活动任务时还必须明确地告诉学生评价任务，例如告诉学生完成活动后要进行自评，否则学生由于没有得到明确的指令就不大可能进行

---

[1] 杨向东. 指向学科核心素养的考试命题[J]. 全球教育展望, 2018(10): 39—51.

评价。(3)教师观察学生活动表现,对学生表现进行评价。这里的关键在于把握三点。一是教师何时介入评价,二是教师的评价要及时,三是教师的评价信息要具体,要指出学生学习的优势所在,更要给予学生具体的学习建议。(4)应用形成性评价课堂技术。这是一种集教学、学习、评价为一体的技术,弗雷尔模型(Frayer Model)[1]就是其中一种技术,可用来评价学生对先备知识的掌握程度。具体运作时,教师可先让学生思考一个概念,并给他们一定时间完成事先准备的图表。然后要求学生提供该概念的操作性定义和特征,列举相关概念的背景知识或经验的适当例子与不适当例子,阐明有关概念的想法,并与同学交流、讨论他们对概念的理解。教师在这个过程中收集有关学生学习的信息,了解学生对于概念的掌握程度,以此设计下一步教学计划,同时将信息反馈给学生,让学生有机会反思自己的学习。

8. 素养的评价需要表现性评价/真实性评价,请罗列有哪些表现性评价的适当形式。

答:设计表现性评价的适当形式,教师可参考表现性评价的分类。如,反映建构理念的简答、图表和视觉符号(如概念图);产品:短文、研究报告与实验报告、札记、故事、戏剧、诗歌、档案、艺术展览或科学展览、模型、录音带或录像带、传单;实作:口头报告、舞蹈表演、科学实作、运动竞赛、戏剧表演、工作表现、论辩对答、吟诵朗读;历程:口头质询、观察、访谈、会议、历程描述、学习札记、思考历程和记录等。[2]

9. 单元评价方案可否与学生分享?

答:这主要看单元评价方案的目的与构成。当一个评价方案是为了促进学生学习,更好地落实单元教学目标,而且单元评价方案中没有单元测试时,一般可以事先提供给学生,让学生知晓自己所要面临的评价任务和学习任务。如果单元评价方案中包含了单元测试,教师可以隐去单元测试内容,把其他平时过程评价部分内容告知学生。

---

[1] Keeley, P. Science Formative Assessment-75 Practical strategies for linking Assessment, Instruction and Learning [M]. Thousand Oaks, CA: Corwin Press, 2008: 100.
[2] 蔡清田.论核心素养的评价[J].教师教育学报,2019(3):8—14.

10. 在单元评价方案中是否有必要提升学生的评价地位？

答：为了发挥评价促进学习的功能，需要增加评价主体类型，除了教师,学生和家长等都可以作为评价主体。事实上，学生深度参与评价，尤其是开展自我评价和同伴评价有助于深度学习的发生。因此,在单元评价方案中可加大学生参与评价的力度。

参考文献

一、中文文献

[1] 安桂清.课例研究:信念、行动与保障[J].全球教育展望,2007(03):42—46+85.

[2] 安桂清.论学情分析与教学过程的整合[J].当代教育科学,2013(22):40-42.

[3] 北京教科院基础教育教学研究中心课堂教学评价研制小组.课堂教学评价体系的研究与实验[J].课程·教材·教法,2003(02):45-49.

[4] 陈隆升.从"学"的视角重构语文课堂——基于语文教师"学情分析"的个案研究[J].课程·教材·教法,2012,32(04):42-48.

[5] 陈隆升.基于学情分析视角的课堂教学转型[J].教育发展研究,2016,36(06):69-76.

[6] 崔允漷.国家课程标准与框架的解读[J].全球教育展望,2001(08):4-9.

[7] 崔允漷.新时代 新课程 新教学[J].教育发展研究,2020,40(18):3.

[8] 崔允漷.学科核心素养呼唤大单元教学设计[J].上海教育科研,2019(04):1.

[9] 崔允漷,夏雪梅."教—学—评一致性":意义与含义[J].中小学管理,2013(01):4-6.

[10] 崔允漷,徐瑰瑰.论课堂评价的后果效度[J].课程·教材·教法,2014,34(07):97-102.

[11] 丰玉芳.建构主义学习设计六要素在英语教学中的应用[J].外语与外语教学,2006(06):33-36.

[12] 葛丽婷,施梦媛,于国文.基于UbD理论的单元教学设计——以平面解析几何为例[J].数学教育学报,2020,29(05):25-31.

[13] 胡久华,张银屏.促进学生认识发展的单元整体教学——以化学教学为例[J].教育科学研究,2014(08):63-68+76.

[14] 李春艳.中学地理"大概念"下的单元教学设计[J].课程·教材·教法,2020,40(09):96-101.

[15] 李刚,吕立杰.大概念课程设计:指向学科核心素养落实的课程架构[J].教育发展研究,2018,38(Z2):35-42.

[16] 李润洲.指向学科核心素养的教学设计[J].课程·教材·教法,2018,38(07):35-40.

[17] 刘晟,魏锐,周平艳,师曼,王郢,刘坚,陈有义,刘霞.21世纪核心素养教育的课程、教学与评价[J].华东师范大学学报(教育科学版),2016,34(03):38-45+116.

[18] 刘志军.教育评价的反思和建构[J].教育研究,2004(02):59-64.

[19] 卢浩,杨海燕.美国中小学"服务学习"课程:内涵、方案、实施及评价[J].外国教育研究,2005(01):63-67.

[20] 吕世虎,杨婷,吴振英.数学单元教学设计的内涵、特征以及基本操作步骤[J].当代教育与文化,2016,8(04):41-46.

[21] 马兰.整体化有序设计单元教学探讨[J].课程·教材·教法,2012,32(02):23-31.

[22] 马思腾,褚宏启.基于学生核心素养发展的学情分析[J].现代教育管理,2019(05):124-128.

[23] 马文杰,鲍建生."学情分析":功能、内容和方法[J].教育科学研究,2013(09):52-57.

[24] 裴娣娜.论我国课堂教学质量评价观的重要转换[J].教育研究,2008(01):17-22+29.

[25] 彭正梅,伍绍杨,付晓洁,邓莉.如何提升课堂的思维品质:迈向论证式教学[J].开放教育研究,2020,26(04):45-58.

[26] [美]加涅等.教学设计原理:第五版[J].王小明,等,译.上海:华东师范大学出版社,2007.

[27] 邵朝友,韩文杰,张雨强.试论以大观念为中心的单元设计——基于两种单元设计思路的考察[J].全球教育展望,2019,48(06):74-83.

[28] 邵朝友,朱伟强.基于标准的统整课程设计[J].教育发展研究,2014,33(Z2):114-118.

[29] 邵朝友,朱伟强.以课例研究为载体开展学情分析[J].中国教育学刊,2015(02):73-76.

[30] 时晓玲.学情分析的误区及其对策研究[J].教师教育研究,2013,25(02):67-71.

[31] 王磊,魏锐.学科核心素养发展导向的高中化学课程内容和学业要求——《普通高中化学课程标准(2017年版)》解读[J].化学教育(中英文),2018,39(09):48-53.

[32] 王少非,崔允漷.试论评价对学校课程实施过程的影响[J].教育发展研究,2020,40(10):30-36.

[33] 王孝玲.教育测量[M].上海:华东师范大学出版社,2005.

[34] 王艳玲,熊梅.个性化教学单元设计的实践探索[J].课程·教材·教法,2014,34(01):56-60.

[35] [美]威金斯.教育性评价[M]."促进教师发展与学生成长的评价研究"项目组译.北京:中国轻工业出版社,2003.

[36] 肖广德,魏雄鹰,黄荣怀.面向学科核心素养的高中信息技术课程评价建议[J].中国电化教育,2017(01):33-37.

[37] 谢晨,胡惠闵.学情分析中"学情"的理解[J].全球教育展望,2015,44(02):20-27.

[38] 徐蓝.基于历史学科核心素养的课程结构与内容设计——2017版《普通高中历史课程标准》解读[J].人民教育,2018(08):44-52.

[39] 徐梦杰,曹培英.精准针对学生差异的学情分析研究[J].课程·教材·教法,2016,36(06):62-67.

[40] 杨向东.教育测量在教育评价中的角色[J].全球教育展望,2007(11):15-25.

[41] 杨向东,王中男.呼唤课程测量与评价的专业化——"课程评价国际研讨会"综述[J].全球教育展望,2010,39(01):88-91.

[42] 叶海龙.逆向教学设计简论[J].当代教育科学,2011(04):23-26.

[43] 叶澜,吴亚萍.改革课堂教学与课堂教学评价改革——"新基础教育"课堂教学改革的理论与实践探索之三[J].教育研究,2003(08):42-49.

[44] 余胜泉,杨晓娟,何克抗.基于建构主义的教学设计模式[J].电化教育研究,2000(12):7-13.

[45] 张春莉.从建构主义观点论课堂教学评价[J].教育研究,2002(07):37-41.

[46] 张丹,于国文."观念统领"的单元教学:促进学生的理解与迁移[J].课程·教材·教法,2020,40(05):112-118.

[47] 张文强.建立教师课堂教学评价体系 促进学生发展[J].中国高等教育,2013(10):37-39.

[48] 钟启泉.教学设计的两种范式[J].基础教育课程,2017(07):91.

[49] 钟启泉.课堂评价的挑战[J].全球教育展望,2012,41(01):10-16.

[50] 钟启泉.培育"核心素养"的教学设计[J].基础教育课程,2017(11):91.

[51] 钟启泉.为每一个学生的成长而教——基于"学的课程"的教学设计探析[J].北京大学教育评论,2009,7(03):112-122+191.

[52] 钟晓流,宋述强,焦丽珍.信息化环境中基于翻转课堂理念的教学设计研究[J].开放教育研究,2013,19(01):58-64.

[53] 朱伟强.分解课程标准的意涵和取向[J].全球教育展望,2011,40(10):12-16.

二、英文文献

[1] Chalmers, C., Carter, M., Cooper, T., et al. Implementing "Big

Ideas" to Advance the Teaching and Learning of Science, Technology, Engineering, and Mathematics(STEM) [J]. International Journal of Science and Mathematics Education, 2017,15(1): 25 - 43.

[2] Chatterji, M. Designing and Using Tools for Educational Assessment [J]. Molecular & Cellular Proteomics Mcp, 2003, 5(9): 1610 - 1627.

[3] Curtis, D. The Authentic Performance-Based Assessment of Problem Solving [J]. Check Lists, 2003,14(6): 956 - 980.

[4] Eckhard, K., Hermann, A., Werner, B., et al. The Development of National Educational Standards-An Expertise [M]. Federal Minister of Education and Research(BMBF), 2004.

[5] Erduran, S., Simon, S., Osborne, J. Tapping into argumentation: Developments in the application of Toulmin's Argument Pattern for studying science discourse [J]. Science Education, 2004,88(6): 915 - 933.

[6] Duncan, N. Beyond testing: towards a theory of educational assessment [J]. Professional Development in Education, 2012,38(4): 691 - 693.

[7] Goodson, I. The changing curriculum: Studies in social construction [M]. New York: Peter Lang, 1997.

[8] Gordon, M. The misuses and effective uses of constructivist teaching [J]. Teachers and Teaching, 2009,15(6),737 - 746.

[9] Grooms, J., Enderle, P., Sampson, V. Coordinating Scientific Argumentation and the Next Generation Science Standards through Argument Driven Inquiry [J]. Science Educator. 2015, 24 (1): 45 - 50.

[10] Grooms, J., Sampson, V., Golden, B. Comparing the Effectiveness of Verification and Inquiry Laboratories in Supporting Undergraduate

Science Students in Constructing Arguments Around Socioscientific Issues [J]. International Journal of Science Education, 2014, 36(9): 1412-1433.

[11] Gulikers, J. T. M., Bastiaens, T. J., Kirschner, P. A. A five-dimensional framework for authentic assessment [J]. Educational Technology Research and Development, 2004, 52(3): 67-86.

[12] Khalil, M. K., Elkhider, I. A. Applying learning theories and instructional design models for effective instruction [J]. Advances in Physiology Education, 2016, 40(2): 147-156.

[13] Martin, A. M., Hand, B. Factors Affecting the Implementation of Argument in the Elementary Science Classroom. A Longitudinal Case Study [J]. Research in Science Education, 2009, 39(1): 17-38.

[14] Mehrens, W. A. Consequences of Assessment: What is the Evidence? [J]. Education Policy Analysis Archives, 1998, 6(13).

[15] Michael, T. K. Current Concerns in Validity Theory [J]. Journal of Educational Measurement, 2001, 38(4): 319-342.

[16] Michell, J. Measurement: a beginner's guide. [J]. Journal of Applied Measurement, 2003, 4(4): 298.

[17] Moss, P. A. Reconceptualizing Validity for Classroom Assessment [J]. Educational Measurement Issues & Practice, 2010, 22(4): 13-25.

[18] Opfer, J. E., Nehm, R. H., Ha, M. Cognitive foundations for science assessment design: Knowing what students know about evolution [J]. Journal of Research in Science Teaching, 2012, 49(6): 744-777.

[19] Pamela, A. M. The Role of Consequences in validity Theory [J]. Educational Measurement Issues & Practice, 1998, 17(2): 6-12.

[20] Popham, W. J. Transformative assessment [M]. Association for

Supervision and Curriculum Development, 2008.

[21] Sadler, D. R. Formative assessment and the design of instructional systems [J]. 1989,18(2): 119-144.

[22] Sampson, V. , Enderle, P. , Grooms, J. , et al. Writing to Learn by Learning to Write During the School Science Laboratory: Helping Middle and High School Students Develop Argumentative Writing Skills as They Learn Core Ideas [J]. Science Education, 2013,97(5): 643-670.

[23] Segers, M. , Dochy, F. , Cascallar, E. Optimising New Modes of Assessment: In Search of Qualities and Standards [M]. Springer Netherlands, 2003.

[24] Shepard, L. A. The Role of Assessment in a Learning Culture [J]. Educational Researcher, 2000,29(7): 4-14.

[25] Stiggins, R. Assessment Through the Student's Eyes [J]. Educational leadership: journal of the Department of Supervision and Curriculum Development, N. E. A, 2007,64(8): 22-26.

[26] Tiilikainen, M. , Karjalainen, J. , Toom, A. , et al. The complex zone of constructivist teaching: a multi-case exploration in primary classrooms [J]. Research Papers in Education, 2017,34(4): 1-23.